RÉSERVÉ aux Copines

Shaunti **F**eldhahn & **L**isa **A**. **R**ice

L'original a été publié en anglais sous le titre : **For Young Women Only**
Originally published in English under the title: **For Young Women Only**
by **Shaunti Feldhahn and Lisa A. Rice**.

Published by Multnomah Books
a division of Random House, Inc.
12265 Oracle Boulevard, Suite 200
Colorado Springs, Colorado 80921 USA

This translation published by arrangement with Multnomah Books, a division of Random House, Inc.

Traduction française : Aline Neuhauser
Couverture : Déborah Gerbore
Mise en page : Alain Auger

Les citations bibliques sont extraites de la Bible Segond, nouvelle édition de Genève 1979, sauf mention contraire.

Dépôt légal - Bibliothèque nationale du Québec, 2008.
Dépôt légal - Bibliothèque nationale du Canada, 2008.

Imprimé au Canada.

Données de catalogage avant publication (Canada)

Feldhahn, Shaunti Christine

Réservé aux copines

Traduction de : For young women only.

ISBN 978-2-922777-25-3

1. Adolescents - Psychologie. 2. Relations humaines chez l'adolescent. 3. Adolescents - Sexualité. I. Rice, Lisa Ann. II. Titre.

BF724.F4414 2008 305.235 C2008-942537-5

À nos précieux enfants

Lisa :

À Sarah et Hannah, jolies jeunes filles
et amies incomparables, et à Brandon,
un jeune homme extraordinaire.

Shaunti :

À une merveilleuse jeune demoiselle
et à un petit garçon génial, qui deviendront
plus tard des jeunes gens forts et pieux.

Chapitre 1

QU'EST-CE QUE LES GARÇONS ONT DANS LA TÊTE ?

Tu t'es déjà demandé ce que les garçons que tu connais pensent et éprouvent ? Est-ce que ton copain s'est parfois énervé contre toi sans que tu comprennes pourquoi il s'est pris la tête pour un rien ? As-tu déjà souhaité que ton copain de classe beau gosse, mais taciturne se dégèle un peu ?

Tu voudrais comprendre l'univers intérieur particulier des garçons ?

Que tu lises ce livre pour t'amuser, par simple curiosité ou parce que tu voudrais vraiment saisir ce que les garçons ont dans le crâne, nous croyons que tu vas acquérir une toute nouvelle perspective de la mentalité masculine et que cela modifiera ta vie au lycée, à l'université et après.

SIX RÉVÉLATIONS

Le tableau ci-dessous t'expose brièvement les six révélations que ce livre va t'apporter. Ces six « surprises » nous aident à aller au-delà de notre compréhension superficielle (c'est-à-dire de ce que nous présumons au sujet des garçons) pour nous apprendre ce qu'ils pensent réellement.

Notre compréhension superficielle	***Ce qui se passe en réalité***
Les garçons ont besoin de respect.	*Les garçons préféreraient se passer d'amour que se sentir rabaissés et humiliés.*
Les garçons sont complexés.	*Bien que les garçons aient l'air sûrs d'eux (et même parfois machos), ils se sentent souvent complexés. Ils n'ont aucune envie d'être démasqués, si bien qu'ils se sentent attirés vers les filles qui les aident à se sentir à la hauteur.*
Les garçons sont forts et indestructibles.	*Les garçons ont l'air indestructibles, mais en réalité, ils ont le cœur tendre, facilement blessé et entouré d'une carapace. Toutefois, ils laisseront tomber cette dernière s'ils savent qu'avec une fille leur cœur sera en sécurité.*
Les garçons sont « visuels ».	*Même les garçons sérieux qui ont une solide relation avec leur copine meurent d'envie de dévorer des yeux les jolies filles et de fantasmer à leur sujet, surtout si elles sont vêtues de façon provocante.*
Les garçons « ne pensent qu'à ça ».	*Les adolescents ont des pulsions sexuelles très fortes, ce qui a aussi d'énormes conséquences émotionnelles. Ils ont besoin de l'aide des filles pour se contenir.*
Les garçons courent après les « allumeuses ».	*Les garçons sont attirés vers les filles qui ont une personnalité attachante aussi bien que vers celles qui sont belles intérieurement et extérieurement, mais ils ne peuvent pas se forcer à éprouver une attirance physique envers quelqu'un qui ne leur plaît pas.*

Où avons-nous obtenu ces informations ?

Tout simplement des garçons eux-mêmes.

Je m'explique. En 2004, Shaunti a écrit un ouvrage intitulé *Réservé aux femmes : ce que vous devez savoir sur la vie intérieure des hommes*. Ce petit livre expliquait un certain nombre de points que les femmes ont tendance à ne pas comprendre sur les hommes, et c'est devenu un best-seller. On en a parlé à la télé et à la radio, et Shaunti a été invitée à le commenter dans tout le pays.

Les gens se sont mis à demander à Shaunti de rédiger un autre livre qui enseignerait les mêmes concepts, mais sous une forme qui serait plus adaptée à vous, les adolescentes. Ils voulaient trouver des réponses à la question : Qu'est-ce que les filles ignorent à propos des garçons qu'elles ont vraiment besoin de savoir ?

Où avons-nous obtenu ces informations ?
Des garçons eux-mêmes.

Nous nous sommes dit que ce besoin était évident. Quelle adolescente ne *rêverait* pas de découvrir ce que les garçons pensent et ressentent vraiment ?

Nous avons donc entrepris nos recherches — et découvert qu'il n'était pas facile de persuader des ados d'avouer franchement leurs besoins les plus profonds et leurs plus grandes craintes. Mais nous avons fini par trouver la bonne formule, et nous avons organisé des quantités de réunions confidentielles réservées aux garçons lycéens et étudiants. De plus, nous avons dialogué spontanément avec quantité d'entre eux. Nous avons aussi mené une foule d'enquêtes en accostant des garçons dans les centres commerciaux, les cafés et les rues. Lorsque nous leur avons promis qu'aucun nom ne serait révélé, beaucoup ont vaincu leurs appréhensions et nous ont dévoilé leurs sentiments. Et waouh, nous avons fait des découvertes fascinantes !

Le sondage

Nous avons engagé plusieurs experts pour nous aider à vérifier si tout ce que nous avions appris simplement en parlant à des garçons était vrai. Ils nous ont aidés à élaborer et à mener une enquête scientifique portant sur quatre cents ados de tout le pays âgés de quinze à vingt ans pour voir ce qu'ils pensaient et ressentaient vraiment sur différents points.[1]

Réservé aux copines traite uniquement des réponses fascinantes des garçons à ce sondage et à toutes ces interviews. Comme il s'agit d'un petit livre, au lieu d'essayer de couvrir tous les sujets, nous nous sommes limitées aux points que les filles ont tendance à ne pas comprendre au sujet des garçons. Nous avons réparti nos découvertes dans les six révélations du tableau, toutes confirmées par les statistiques. Chaque chapitre du livre traitera de l'une des six rubriques. Nous pensons que certaines surprises vous étonneront beaucoup, tout comme nous.

Deux pour le prix d'un

Nous avons parfois inclus des résultats ou des citations de *Réservé aux femmes* (RAF). Cette enquête portait sur des hommes de tout le pays âgés de vingt et un à soixante-quinze ans, et elle a été suivie de nombreuses interviews spontanées. Nous avons ajouté quelques-unes des données recueillies, car il est parfois utile de savoir comment seront les garçons dans quelques années. Donc, nous aurons les résultats des sondages de deux livres pour le prix d'un !

Quand nous avons promis aux garçons
que leurs noms ne seraient jamais révélés,
nous avons fait des découvertes fascinantes !

Puiser les informations à la source

S'il est important de laisser la parole *aux garçons eux-mêmes*, c'est parce que cela nous aide à savoir et à croire que c'est vrai.

Dans ce livre, nous voulons qu'au lieu de *souhaiter* que les garçons aient une certaine mentalité, tu *découvres la vérité* à leur sujet, et de leur propre bouche. Lorsque tu la connaîtras, tu seras en mesure d'avoir de meilleurs contacts avec tes copains et de mieux réagir face à eux. Nous espérons que ces nouveaux choix t'aideront à avoir de meilleurs contacts avec les garçons et les hommes qui t'entourent, y compris dans ta famille.

Deux guides qui vont te faire découvrir les cerveaux masculins

Qui sommes-nous ? En fait, ce livre a été écrit par deux personnes : tout d'abord Shaunti, l'auteur de *Réservé aux femmes*. Pour cet ouvrage, elle a mené plus d'enquêtes et recueilli davantage de données que personne ne l'a jamais fait auparavant. En fait, ses études à Harvard et ses années à Wall Street l'ont aidée à écrire ces livres très documentés !

> Nous voulons qu'au lieu de souhaiter que les garçons aient une certaine mentalité, tu découvres la vérité à leur sujet.

Il y a aussi Lisa, auteur, rédactrice de scénarios et éditrice de plusieurs magazines et livres. En plus de son talent d'écrivain, Lisa a l'avantage d'avoir des adolescentes à la maison. Ses filles Sarah et Hannah l'ont énormément aidée, y compris en levant les yeux au ciel et en critiquant tous les points « pas cool » qu'elles ont découvert en lisant la première version.

Aucune de nous n'est conseillère. Nous nous sommes donc fiées à l'expertise de conseillers, d'animateurs, de pasteurs et d'autres personnes qui travaillent avec les ados et qui les comprennent. Mais les meilleurs experts de ce livre sont des centaines de garçons de ton âge. Nous espérons qu'ils te feront rire tout en t'apprenant ce qu'ils ont dans le crâne.

AVANT DE COMMENCER : LES RÈGLES DE BASE

Avant de tourner la page et d'aller voir de plus près ce que les garçons ont en tête, voici quelques règles de base :

1. Premièrement, tu as sûrement remarqué que les médias se moquent des garçons et les réduisent à un série de clichés. Ici, nous ne réagirons pas ainsi. Nous honorons les gars qui nous ont livré ce qu'ils ont sur le cœur, et nous croyons que tu apprécieras vraiment ce qu'ils t'apprendront.

2. Deuxièmement, il ne s'agit pas de traiter des différences entre les hommes et les femmes. Nous ne parlons absolument pas de la manière dont les garçons devraient se comporter *envers les filles*. Tu as, toi aussi, des besoins, et bien des points abordés dans ces pages s'appliquent aussi à toi, mais comme le thème de ce livre est la vie intérieure des *garçons* et que nous avons peu de place, nous nous sommes consacrés exclusivement à analyser la manière dont les garçons voient les filles, et non l'inverse.

3. Troisièmement, souviens-toi que toute règle a ses exceptions. Quand nous affirmons que « la plupart des garçons » semblent avoir une certaine mentalité, rappelle-toi qu'ils ne sont pas *tous* ainsi. Comme ce livre est assez succinct, surfe sur :

www.foryougwomenonly.com (en anglais) pour trouver davantage de données, lire l'intégralité de l'enquête ou discuter à ce sujet.

4 Quatrièmement, nous parlons de ce que les garçons pensent généralement, sans préciser si leur façon de penser est *bonne* ou *mauvaise*. Nous voulons te faire comprendre leurs pensées et leurs sentiments, même si nous ne sommes pas d'accord avec leurs actes.

5 Cinquièmement, nous devons te prévenir que certaines explications peuvent être difficiles à lire. À vrai dire, nous avons été tentées d'omettre certains points. Mais nous avons compris qu'il s'agissait de choses importants que les garçons ne peuvent pas dire directement aux filles qu'ils connaissent. C'est pourquoi nous avons décidé de te livrer ces informations. Si ta lecture te perturbe, ne garde pas tes sentiments pour toi. Prie à ce sujet et confie-toi à une femme plus âgée à qui tu peux faire confiance.

Nous parlons de ce que les garçons pensent généralement, sans préciser si leur façon de penser est bonne ou mauvaise.

6 Et enfin, en analysant ces découvertes, nous nous placerons parfois dans une optique chrétienne, en particulier lorsqu'il y a des différences frappantes

entre les réponses des garçons qui ne sont pas croyants et les autres. Ce sondage national a inclus une grande diversité d'ados et pas seulement des chrétiens, et ses résultats te serviront même si tu n'as pas la même conception de la vie et de la foi que nous. Mais nous croyons qu'une perspective chrétienne sera utile pour interpréter toutes ces données.

En te dévoilant les secrets des garçons, nous espérons te donner l'occasion de faire des découvertes fascinantes et, de plus, te permettre d'améliorer tes relations avec eux. Non seulement tu pourras devenir une meilleure copine (ou une fille plus attirante) pour eux, mais il sera beaucoup plus facile pour toi de prendre de bonnes habitudes maintenant que de modifier tes mauvaises habitudes plus tard, après ton mariage !

Autrement dit, ces informations n'ont pas pour but de changer les garçons qui t'entourent, mais de te transformer et de t'améliorer *toi-même*.

Tu es prête ? Alors, assieds-toi et détends-toi (et peut-être, attache ta ceinture de sécurité…) Nous allons entreprendre un fabuleux voyage pour découvrir l'univers intérieur des garçons !

Chapitre 2

TON AMOUR NE SUFFIT PAS

Vous voulez dire qu'il désire obtenir mon respect encore plus que mon amour ?

Les garçons préféreraient être seuls et se passer d'amour que se sentir rabaissés et humiliés.

Lisa : Pendant que j'écrivais ce livre, je gardais les jeunes enfants de Shaunti, qui étaient fascinés par le film *Les indestructibles*. Le méchant, Syndrome, devient un cruel malfaiteur simplement parce qu'il veut obtenir du respect et qu'il n'y parvient pas. Il ne rêve que de prendre sa revanche, parce que dans son enfance, il a été repoussé et on ne l'a pas respecté.

Peu après avoir vu ce dessin animé, je suis allée assister à une demi finale de football entre deux lycées rivaux de notre quartier. Parmi les fans violents et bruyants, le tee-shirt d'un supporter a frappé mon attention. Il disait : « Peu de gens nous aiment… beaucoup nous haïssent… mais tous nous respectent ! Nous sommes les Brookwood Broncos. »

Le mot *respect* revenait de nouveau ! Pour ce fan de football, peu importait qu'il ne soit guère aimé, voire que beaucoup le haïssent… mais en tout cas, il voulait être respecté ! Pourquoi le respect est-il si crucial aux yeux des jeunes gens ?

Peu importait qu'il ne soit guère aimé, voire que beaucoup le haïssent… mais en tout cas, il voulait être respecté !

Plus important, se pourrait-il que dans le monde réel (donc, ni celui du cinéma, ni celui du sport) le respect ait une si grande importance ? Nous avons découvert que la réponse est *oui*, ce qui te fournit ample matière à réflexion, en tant que fille… et plus tard, en tant que femme.

LE RESPECT ET L'AMOUR

Shaunti : Juste après mes études supérieures, au cours d'une retraite pour célibataires, j'ai observé un phénomène assez surprenant. Au cours de la toute première réunion, l'orateur de la retraite a divisé la pièce en deux et a placé les garçons d'un côté et les filles de l'autre. « Je vais vous demander de choisir entre deux mauvaises choses, a-t-il dit. Si vous aviez le choix, préféreriez-vous vous sentir seul au monde et mal aimé ou rabaissé et méprisé par tous ? »

Je me souviens que j'ai pensé : « *Quelle sorte de choix est-ce là ? Qui pourrait supporter d'être mal aimé ?* »

L'orateur s'est d'abord tourné vers les garçons. « Messieurs, qui préfère se sentir seul au monde et mal aimé ? »

Une quantité de mains se sont levées, et les filles ont écarquillé les yeux.

Pourquoi le respect a-t-il une telle importance pour les garçons ?

L'homme a ensuite demandé quels garçons préféreraient être méprisés, et les filles se sont aperçues avec stupéfaction que seules une ou deux mains s'étaient levées.

Puis ce fut à nous de répondre et au tour des garçons d'être choqués en constatant que la plupart des filles auraient préféré être rabaissées que mal aimées.

CE QUE CELA SIGNIFIE

Même si cela semble étrange à beaucoup d'entre nous, la plupart des garçons ont encore plus besoin de respect et de soutien (surtout de la part de leur copine) que d'amour. L'enquête a prouvé que *deux garçons sur trois* ont affirmé préférer ne pas être aimés que d'avoir l'impression de ne pas être à la hauteur. Et à l'âge adulte, le respect a encore plus d'importance pour eux !

Regardez les résultats de l'enquête.

LES RÉSULTATS DU SONDAGE

Pense à ces deux expériences négatives : se sentir seul au monde et mal aimé OU être rabaissé et méprisé par tous. Si tu étais forcé de choisir l'une d'elles, laquelle préférerais-tu ?

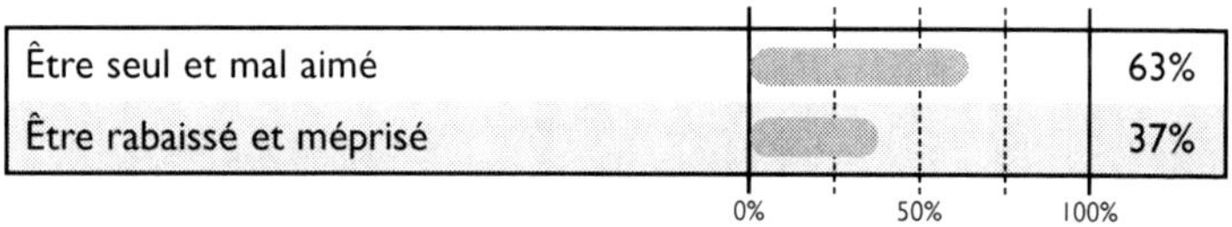

En fait, ce besoin d'être respecté s'intensifie au fil des années : 74 pour cent des hommes adultes interrogés dans *Réservé aux femmes* ont affirmé tenir davantage au respect qu'à l'amour. Lisez les commentaires qu'ont fait certains jeunes gens à propos de cette question du sondage :

- « Je préférerais être seul et mal aimé. Pour un garçon, ne pas être respecté est absolument intolérable. *Je préférerais n'avoir personne avec moi qu'être avec quelqu'un qui me manque de respect.* »
- « La plupart des garçons — de l'adolescence à l'âge adulte — préfèrent se sentir respectés qu'aimés. Le respect nous amène à nous sentir à la hauteur dans tous les domaines de notre vie, alors que l'amour… eh bien, nous avons toute la vie pour trouver la perle rare. »

Nous, par contre, nous avons tendance à placer l'amour au-dessus du respect, et nous parvenons mieux à exprimer l'amour que le respect. As-tu déjà essayé de prouver ton amour à un garçon en étant déçue par sa réaction ? Peut-être, à ton insu, lui as-tu manqué de respect (ce qui, en fait, lui a donné l'impression d'être mal aimé). Si tu veux aimer ton copain comme il a besoin de l'être, il faut que tu fasses en sorte qu'il se sente respecté.

« Je préférerais être seul et mal aimé. Pour un garçon, ne pas être respecté est absolument intolérable. »

ILS NE PENSENT QU'AUX FILLES !

Au cours de nos groupes de discussion, nous avons entendu les garçons répéter sans arrêt qu'ils passaient une grande partie de leur temps à essayer d'attirer l'attention des filles et de gagner leur respect. Pour eux, leurs proches et surtout vous, les filles, sont comme un miroir. Un garçon vous regarde en espérant que vous allez le trouver respectable, ce qui lui donnera l'impression d'être fort et digne de confiance.

Dans un groupe de discussion, nous avons demandé aux garçons : « Quel pourcentage de votre temps consacrez-vous à essayer d'impressionner les filles ? » Spontanément, l'un d'eux a répondu : « Cent pour cent. » Un autre a avoué que dans tout ce qu'il faisait — depuis sa façon de s'habiller jusqu'à la marque de voiture ou l'emploi qu'il choisirait —

il se demandait systématiquement ce que les filles allaient en penser. L'approuveraient-elles et penseraient-elles qu'il avait bien choisi ? Le respecteraient-elles davantage ou le mépriseraient-elles ?

Pendant qu'il parlait, les autres ados hochaient la tête en signe d'approbation. Au milieu du groupe, je devais me contenir pour ne pas avoir l'air ébahie. Si tu es comme moi, tu n'as peut-être pas réalisé à quel point il est essentiel, pour les garçons, de gagner le respect des filles qui ont de l'importance pour eux — et combien il est pénible de ne pas l'obtenir. En un sens, s'ils se sentent méprisés, ils chercheront à se sauver ! L'un de nos collègues nous a dit :

> « Quand une fille nous respecte, cela nous donne envie de nous lever et de dire : "Je peux faire mieux que le pense ma copine." Si les filles qui vous entourent vous respectent, mais que la fille avec laquelle vous sortez vous méprise, votre relation avec elle n'ira pas loin. »

Si les garçons ont vraiment besoin d'être respectés par-dessus tout, il est parfaitement logique qu'ils s'intéressent aux filles qui les estiment et qu'ils fuient les autres comme la peste.

Comment savoir si tu respectes les garçons ?

Le problème, c'est que dans notre groupe de discussion, les garçons croyaient fermement que les filles *savaient* à quel moment elles leur manquaient de respect. Mais en réalité, même les femmes qui sont mariées depuis longtemps ne se rendent pas compte de leur façon de communiquer, et les filles de ton âge en ont encore moins conscience.

Au fond, la plupart d'entre nous respectent les garçons qui les entourent, mais n'ont pas conscience que parfois, leurs paroles et leurs actes disent le contraire. Toutefois, nous en constatons les conséquences ! Par exemple, est-ce qu'il t'est déjà arrivé d'être totalement déconcertée en voyant un garçon se mettre en colère au cours d'une conversation sans que tu saches pourquoi ?

S'ils se sentent méprisés, ils chercheront à se sauver !

Beaucoup de garçons ne parviennent pas à exprimer leurs sentiments, si bien qu'ils ne t'expliqueront pas *pourquoi* ils sont furieux. Mais heureusement, tu peux savoir quand tu franchis la ligne de l'irrespect : guette les moments où ils *se mettent en colère.*

Réfléchis : si tu te disputes avec ton copain, penses-tu qu'il soit normal pour toi de pleurer ? *Oui,* vas-tu répondre (comme la plupart d'entre nous). Et maintenant, crois-tu qu'il soit normal pour lui d'être furieux ? *Non,* diras-tu. Tu penses qu'il exagère !

Mais le docteur Emerson Eggerichs, fondateur du *Ministère Amour et Respect*, n'est pas de ton avis : « Dans un conflit relationnel, une femme fond en larmes quand elle se sent mal aimée et un homme se met en colère quand il ne se sent pas respecté. »

La plupart des garçons ne vont pas hurler « Tu me manques de respect ! » sous l'effet de l'exaspération, mais tu peux être sûre que s'ils sont furieux à cause de ce que tu as dit ou fait (sans que tu saches quoi), c'est sans doute dû au fait qu'ils souffrent de ton manque de respect et qu'ils se sentent humiliés.

Dans l'enquête, deux tiers des ados qui ont affirmé avoir une relation sérieuse avec une fille ont déclaré qu'au cours de leurs conflits, ils avaient tendance à se sentir méprisés. Tandis que nous, nous sommes plutôt du genre à gémir : « Il ne m'aime pas ! »

LES RÉSULTATS DU SONDAGE

Quand je me dispute avec une fille, j'ai généralement l'impression…

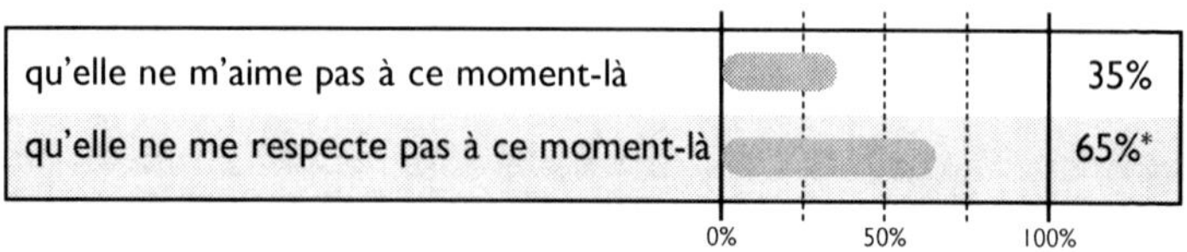

* Chez les gars qui sont engagés dans une relation stable ou fiancés. Même pour ceux qui n'étaient pas engagés dans une relation, la moyenne générale de ceux qui ont répondu « elle ne me respecte pas » était encore de 57 %.

Dans l'enquête de *Réservé aux femmes*, le pourcentage des hommes affirmant qu'ils ne se sentiraient sans doute pas respectés a atteint 81%.

S'il est en colère, c'est sans doute dû au fait qu'il souffre de ton manque de respect.

Respect inconditionnel

Tu penses que tu ne peux ou ne dois respecter un garçon que s'il le mérite ? C'est logique, mais réfléchis : Si tu as une relation sérieuse avec ton copain, ne désires-tu pas qu'il t'aime inconditionnellement, même quand tu n'es pas spécialement à ton avantage ? Eh bien, les garçons réagissent de la même façon par rapport au respect. Ils savent qu'ils commettront des erreurs pendant leur vie, et ils souhaitent ardemment trouver une fille qui les respecte, même s'ils n'ont pas répondu à leur attente à un certain moment.

« Notre culture met tellement l'accent sur l'amour, commente le docteur Eggerichs, que comme l'ont dit les Beatles : “Tout ce dont tu as besoin, c'est d'amour.” Nous nous sommes donc mis à penser que l'amour devait être inconditionnel, alors que le respect se mérite. Mais les hommes ont besoin de respect *inconditionnel*, d'être respectés pour eux-mêmes, indépendamment de ce qu'ils font. »

Si tu apprends dès maintenant à traiter les garçons avec respect, tu en auras pris l'habitude le jour où tu te marieras. Dans un célèbre passage sur le mariage, Éphésiens 5, il n'est jamais prescrit à la femme d'aimer son mari, ni au mari de respecter sa femme, sans doute parce que chacun d'entre nous donne spontanément ce qu'il a envie de recevoir. Mais la Bible incite souvent l'époux à *aimer* sa femme et l'épouse à *respecter* son mari.

« Les hommes ont besoin de respect inconditionnel, d'être respectés pour eux-mêmes, indépendamment de ce qu'ils font. »

Avertissement

Bien sûr, le mariage est différent des fréquentations, et les fiançailles de la « simple amitié ». Quand nous parlons d'apprendre à manifester un respect inconditionnel, c'est en pensant à Éphésiens 5, qui ne concerne pas les fréquentations, mais *le mariage*.

Les applications de cette vérité changent en fonction de la nature d'une relation. Il n'est évidemment pas question de « faire preuve de respect » en omettant de tenir compte des gros défauts d'un garçon et de t'engager sérieusement envers quelqu'un en qui tu ne peux pas avoir confiance. Nous croyons juste que lorsque tu liras ce livre (comme l'ont fait les adultes qui ont lu *Réservé aux femmes*), tu te rendras compte que tu as beaucoup à apprendre sur le respect et la considération à accorder aux garçons qui t'entourent.

Maintenant que nous savons à quel point le respect est crucial pour les garçons, et que nous avons compris ce qu'ils en pensent, qu'allons-nous faire à ce sujet ?

Maintenant que nous savons à quel point le respect est crucial pour les garçons, qu'allons-nous faire à ce sujet ?

POUR UN GARÇON, QU'EST-CE QUE LE RESPECT ?

Dans le film *A Walk to Remember*, la vie de London Carter (Shane West), un ado désœuvré, taciturne et irresponsable change lorsqu'il est obligé de jouer dans une pièce de théâtre scolaire et de se faire aider par la fille sérieuse et stricte du pasteur, Jamie (Mandy Moore). Bien que Jamie ait de nombreux problèmes personnels, elle se montre unique entre toutes en incitant London à réaliser ses rêves. Grâce à ses encouragements, il sort de sa coquille et se met à vivre pleinement.

Au début de l'histoire, London a pris une décision stupide et lourde de conséquences. À ce moment-là, un seul regard de Jamie lui fait honte et le pousse à changer. À la fin, lorsqu'il prend une décision généreuse, l'expression du visage de son amie lui montre combien elle est fière de lui. Elle le stimule et elle le persuade qu'il peut vaincre ses vieux démons et devenir quelqu'un d'exceptionnel.

J'espère que tu comprends mieux à quel point les filles ont de *pouvoir* sur la vie des garçons. Dieu nous a donné la capacité soit de les accabler, soit de leur donner des ailes ! Si nous sommes décidées à employer ce don à bon escient — et non pour notre profit égoïste — comment pouvons-nous procéder ?

Dans l'enquête de *Réservé aux femmes*, nous avons été stupéfaites de découvrir à quel point les hommes tenaient à être respectés par les femmes de diverses façons. Entre autres, elles devaient apprécier leur jugement et leurs capacités. Mais dans les relations entre ados, trois domaines sont essentiels, et ils se rapportent tous à la communication. Parfois, cela concerne même ce que nous *ne disons pas*.

1. Ce que nous disons devant les autres

T'arrive-t-il de taquiner un garçon devant les autres ou de le ridiculiser en public pour t'amuser ? Sais-tu que pour lui, c'est un véritable supplice ? Un ado a expliqué :

> « Les filles ne réalisent pas à quel point elles peuvent nous blesser. Quand on est gêné, on n'a pas

envie de parler. Personnellement, ça me rend fou, mais je ne le montre pas. Toutefois, en privé, je proteste : “Pourquoi fais-tu ça ? Tu ne peux pas t’en empêcher ?” Quand c’est devant ses copines, c’est encore pire, car après, elles en discutent entre elles. C’est atroce. Je me dis : *Est-ce que les filles qui ne me connaissent pas pensent aussi ça de moi ?* »

Évidemment, certaines taquineries sont relativement inoffensives, mais actuellement, une vague d’irrespect public envers les hommes sévit partout. Cela commence par la manière dont ils sont présentés à la télévision, dans les films et dans les médias, et cela ne s’arrête pas là. Des dizaines de garçons nous ont expliqué à quel point il était pénible d’être critiqué en public par des filles et de se voir remis en question devant les autres.

Un ado m’a expliqué : « L’ego masculin est la chose la plus fragile de la terre. Certaines femmes pensent : *Il un ego si démesuré qu’il faut lui rabattre le caquet,* mais elles se trompent. L’ego masculin, en fait, est extrêmement fragile. »

Un garçon de vingt ans a dit :

« Quand nos copains nous ridiculisent, nous savons comment nous défendre. Par exemple, nous pouvons rétorquer : “Je suis plus malin que vous. J’ai une meilleure voiture, une plus belle situation, etc.” Mais quand c’est une fille qui le fait, nous n'avons aucun recours. Nous ne pouvons pas nous vanter d'être supérieurs à elle, si bien que ses sarcasmes nous accablent. Pour nous défendre, nous devrions être méchants, et nous n'en avons pas envie. À la place, nous nous mettons en colère… »

Les femmes interprètent souvent cette attitude comme de l'orgueil masculin, mais ce n'est pas le cas. Il s'agit moins d'orgueil que d'un sentiment inavoué d'infériorité. Or, ne pas se sentir à la hauteur n'a rien à voir avec l'orgueil.

Ne pas se sentir à la hauteur n'a rien à voir avec l'orgueil.

2. Comment nous le disons

Certaines paroles mettent les garçons hors d'eux. Souvent, c'est moins *ce que nous disons* que *notre façon de le dire*. Au cours de nos interviews, beaucoup d'ados ont expliqué : « Quand c'est une fille qui dit quelque chose d'irrespectueux, je pense souvent : *Il est impossible qu'elle ne sente pas l'effet que ses paroles ont sur moi !* » Nous avons dû répéter maintes et maintes fois à des garçons que les filles n'avaient sans doute *pas l'intention* de leur manquer de respect, mais qu'elles ignoraient le mal qu'elles leur faisaient.

Que ressentent donc les garçons que nous rabaissons ?

Ils se sentent dévalorisés

L'un des garçons les plus âgés que nous avons interrogés, qui venait de terminer ses études et qui faisait ses premiers pas dans le monde du travail, a décrit la façon dont les femmes sont traitées à leur arrivée dans un garage selon leur manière de formuler leurs requêtes ou leurs « suggestions » :

> « Dans un domaine typiquement masculin, si vous voulez faire réparer, imprimer ou construire quelque chose, il faut que vous respectiez un homme et que vous soyez polie pour obtenir tout ce que vous voudrez. Si une femme dit à un mécanicien : "J'ai quelques questions à vous poser, mais je me fie à votre jugement. Vous êtes les meilleurs ; c'est pour cela que je mets ma voiture chez vous", elle ne court pratiquement aucun risque de se faire gruger. Mais si elle entre avec une attitude de diva soupçonneuse et qu'elle donne des ordres péremptoires, le prix de la réparation monte en flèche, et elle se heurte à la mauvaise volonté générale. »

Dans la situation ci-dessus, la « diva » est sans doute une femme autoritaire qui veut faire avancer les choses, mais elle ne se rend pas compte qu'elle parle à *des hommes*, et qu'en exposant ses exigences, elle semble faire preuve de méfiance à leur égard. Ses interlocuteurs se sentent rabaissés, et ils n'ont aucune envie de faire preuve de zèle pour elle.

Ils sont déçus

Beaucoup d'hommes s'offusquent si une femme leur rappelle simplement une chose à faire ou si elle leur pose une question.

Un lycéen a raconté que lorsqu'une camarade de classe lui a demandé : « Tu as déjà commencé ta présentation Power Point ? » il s'était mis en colère, alors qu'elle n'avait pas un ton accusateur. Il a expliqué : « Après tout, je lui ai dit que je le ferais. Il restait encore plusieurs jours avant la date limite et j'avais l'impression qu'elle ne croyait pas que j'y arriverais à temps. Elle devrait savoir que je ne suis pas stupide. Elle n'avait pas à être si soupçonneuse et si sceptique ! »

Souvenez-vous, les filles, qu'elle avait simplement posé la question : « Tu as commencé ta présentation ? » Était-elle soupçonneuse et sceptique ? J'en doute, mais c'est ainsi que son camarade a interprété sa question ! Il ne s'agissait pas de ce qu'elle lui disait — puisqu'il était tout à fait d'accord pour faire un exposé avec elle — mais de *sa façon de le dire*.

> « Comprenez bien ceci : les garçons ont un désir inné de sauver les demoiselles en détresse. Ils ne veulent pas qu'on abuse de leur bonté, mais la plupart d'entre eux sont prêts à voler au secours des femmes. Si vous nous le demandez gentiment, nous vous aiderons à déménager en pleine tempête

de neige, et nous porterons vos meubles au cinquième étage sans broncher. Une femme de n'importe quel âge peut solliciter les services d'un homme de douze à soixante-quinze ans ; si elle sait s'y prendre, elle le fera fondre. Mais si elle n'est ni reconnaissante ni respectueuse, nous perdrons notre motivation. »

Waouh ! Les garçons sont tous d'accord sur ce point ! Ils affirment que même si une fille sait que quelque chose ne va pas ou si elle souhaite faire une suggestion, du moment qu'elle donne son avis poliment et avec tact, elle obtiendra gain de cause. Par exemple : « Comment ton projet Power Point avance-t-il ? » laisse supposer que le garçon s'y est déjà attelé et le met en mesure de dire honnêtement où il en est.

3. Respecter son opinion

Tout garçon a besoin que les filles qui l'entourent — et surtout sa copine potentielle ou actuelle — respecte son opinion et ses décisions. Certes, il n'est pas question de prendre les filles pour des êtres inférieurs, mais beaucoup de garçons rêvent que leurs amies cessent de remettre en question leurs connaissances ou de critiquer sans cesse leurs décisions. Lis ces commentaires d'ados :

- « Je suis sorti avec une fille qui me harcelait et me remettait en question sans arrêt… “Tu ne fais jamais ça", "Tu ne m'emmènes jamais nulle part", "Pourquoi as-tu acheté cette vieille Honda ?" Elle me fatiguait ! Elle ne se rendait pas compte que je n'arrivais pas à joindre les deux bouts. Quand elle me bombardait de questions et de critiques comme celles-là, je me sentais si minable ! Et pour un garçon, c'est un sentiment intolérable ! »

- « Jusqu'à un certain point, j'accepte d'être remis en question — parce que si une fille critique ma façon de faire et que je lui en explique la raison, elle me fera sans doute confiance la fois suivante. Mais si, la deuxième fois, elle se méfie toujours et que c'est sa manière d'être, je n'ai pas envie qu'elle me prenne pour cible sans arrêt. Pour que tout aille bien, il faut qu'elle écoute mes explications et qu'elle respecte mes décisions. »

Plusieurs garçons ont affirmé avoir l'impression que leurs opinions et leurs décisions étaient unanimement respectées, *sauf* de la fille qui comptait le plus pour eux. Certains ados trouvaient que leurs copains de classe ou leurs collègues de travail avaient davantage confiance en leurs décisions que leurs amies. Certains constataient que leur copine les faisait marcher à la baguette, alors que ni leurs parents, ni même leur patron ne se le permettaient !

Comme nous ne sommes pas semblables aux garçons, nous ne pouvons pas comprendre qu'ils fassent une montagne de ce qui nous semble être une taupinière. Voici comment un garçon traduit notre attitude : « Si elle ne me fait pas confiance pour de petites choses, elle ne le fera sûrement pas pour des grandes. C'est donc qu'elle ne croit pas en moi. »

ALORS, QUE DEVONS-NOUS FAIRE ?

Les filles, vous avez un pouvoir et une responsabilité immenses dans ce domaine. Vous pouvez décupler les forces des garçons ou au contraire les démotiver d'une manière qui dépasse de loin le cadre de vos relations avec eux. Tous les domaines de leur vie sont affectés par la considération que leur portent leurs proches. Pour conquérir le monde, ils ont besoin d'avoir l'assurance d'être à la hauteur ! C'est pourquoi ils sont si attirés par les filles qui leur expriment franchement leur respect et leur admiration. C'est à celles-ci qu'ils s'intéressent en priorité.

> Dieu a donné à chacune d'entre nous la capacité de démotiver les garçons ou de décupler leurs forces.

Alors, que devons-nous faire ? Comme l'a conseillé un garçon : « Attendez toujours le meilleur et vous trouverez plus facile de faire preuve de respect. » C'est simple : choisis d'être respectueuse et de ne jamais rabaisser les garçons !

Nous pouvons décider de démontrer (par nos paroles et nos actes) à quel point nous sommes fières des garçons qui nous entourent et combien nous leur faisons confiance. De même que nous aimons par-dessus tout entendre dire : « Je t'aime », les garçons sont très touchés par ces simples mots : « Je suis si fière de toi » ou « Je te fais confiance ». Et quand nous nous apercevons que nous les avons rabroués, reconnaissons notre faute et demandons-leur pardon. Selon les garçons eux-mêmes, nous devrions dire : « Je suis désolée de ma réaction. Je t'ai manqué de respect. Mais je sais que je peux te faire confiance. »

« Attendez toujours le meilleur
et vous trouverez plus facile de faire
preuve de respect. »

Cela prendra de plus en plus d'importance...

Les filles, souvenez-vous qu'au fil des années, les garçons que vous connaissez placeront de plus en plus le respect au-dessus de l'amour. Et surtout, ils auront envie que leur femme les respecte ! L'un des hommes qui a participé au sondage de *Réservé aux Femmes* a expliqué :

> « Vous connaissez l'adage : "Derrière tout grand homme, il y a une grande femme" ? Eh bien, c'est tout à fait *vrai*. Si une épouse soutient son mari et

croit en lui, il pourra conquérir le monde (ou du moins, son petit monde...) Il sera plus performant au travail, à la maison, partout. Mais, par contre, très peu d'hommes peuvent faire des étincelles au travail *ou* à la maison si leur femme les dévalorise. »

Attention... réfléchis !

Avant de clore ce chapitre, voici un dernier avertissement. Certes, tu dois apprendre à manifester du respect envers les garçons, mais ne cesse pas pour autant de faire preuve de bon sens.

Les garçons qui t'entourent ont grand besoin de sentir que tu crois en eux, mais ils doivent aussi s'en montrer dignes, et la Bible ne parle de respect absolu et inconditionnel que dans le cadre du mariage. Aussi, quand tu sors avec un copain, sois vigilante... et prudente ! Tu l'as compris, sous leur air assuré, beaucoup de garçons sont vulnérables et même complexés. C'est le sujet du prochain chapitre.

Chapitre 3

TOUTE UNE VIE D'IMPOSTURE !

Quoi ? Vous voulez dire que M. Prétentieux et M. Macho sont bourrés de complexes ?

Bien que les garçons aient l'air sûrs d'eux, ils sont souvent complexés. Comme ils ont peur d'être démasqués, ils sont attirés vers les filles qui les aident à se sentir à la hauteur.

Shaunti : As-tu déjà vu un film avec l'acteur anglais Patrick Stewart ? Il est vraiment impressionnant, et j'admets l'avoir particulièrement apprécié dans le rôle du capitaine Jean-Luc Picard, le héros de *Star Trek : la nouvelle génération*. Dans un épisode, le capitaine et son amie le docteur Berverly Crusher sont (tu le sais déjà) bloqués sur une dangereuse planète inconnue. Et leur situation fâcheuse a un effet intéressant : à cause d'une interférence avec des extraterrestres, chacun d'eux peut saisir ce que l'autre pense.

Pour tenter de les sortir de là, le capitaine scrute l'horizon, fait un geste dans une certaine direction et ordonne, selon son habitude : « Par ici. » Mais souvenez-vous que Beverly peut lire dans ses pensées, si bien qu'il est démasqué ! Elle le fixe des yeux et elle déclare : « Vous ne savez pas quoi faire, n'est-ce pas ? Vous faites semblant de savoir où aller, mais vous choisissez une direction au hasard ! » Puis, avec stupéfaction, elle ajoute : « Est-ce que vous agissez toujours ainsi ? »

Il la dévisage, puis il répond : « À certains moments, un capitaine doit faire comme s'il était sûr de lui. »

QUE CACHE L'ASSURANCE MASCULINE ?

Berverly Crusher a découvert ce que la plupart d'entre nous ne réalisent jamais : au fond, la plupart des garçons ne sont pas du tout sûrs d'eux. Même ceux qui ont le plus d'aplomb redoutent le moment où tous découvriront qu'en fait, ils ne sont que des imposteurs.

« Ils vont finir par me démasquer ! »

Un ado de dix-neuf ans a expliqué : « Les garçons soutiennent certaines idées en espérant ne pas se tromper. Nous émettons des hypothèses et nous faisons semblant de savoir ce que nous disons… en espérant que l'avenir nous donnera raison ! »

> Au fond, la plupart des garçons ne sont pas du tout sûrs d'eux.

Et ne crois pas que cela s'applique juste aux ados inexpérimentés. Les hommes interrogés pour *Réservé aux femmes* ont tenu *les mêmes propos*. Beaucoup d'adultes ont l'impression de tromper tout le monde et de courir le risque d'être « démasqués », même s'ils sont parfaitement capables de faire ce qui les impressionne.

LES RÉSULTATS DU SONDAGE

« Quels que soient tes succès scolaires, sportifs ou autres (ou ta réussite professionnelle) quelle déclaration décrit le mieux tes sentiments concernant tes performances dans ces domaines ? »

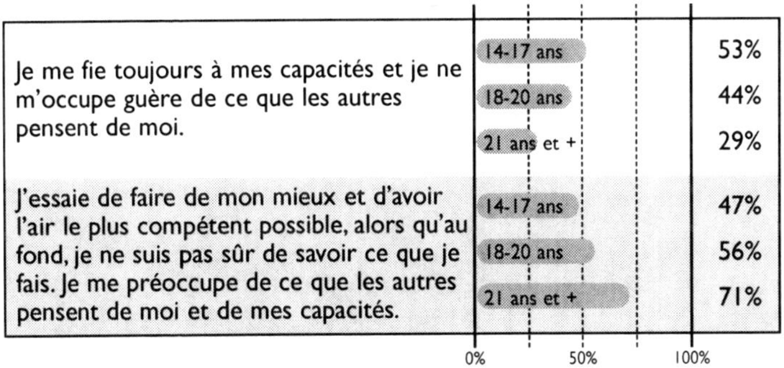

Vous remarquerez qu'en l'espace de quelques années, les garçons éprouvent (ou reconnaissent éprouver) cette insécurité intérieure et leur besoin d'avoir l'air pleins d'assurance. Peut-être ont-ils des défis de plus en plus hauts à relever en prenant de l'âge, ou peut-être les plus jeunes ne veulent-ils pas admettre leurs complexes !

Un collégien a dit :

> « Les ados ont un ego démesuré. De dix-sept à vingt et un ans, certains d'entre nous pensent : "Je peux tout réussir. Je m'en tirerai toujours !" Mais quand nous entrons dans le monde réel, nous devenons plus lucides et moins sûrs de nous, de nos capacités et de notre identité personnelle. »

Pour lui, à quoi cela ressemble-t-il ?

Trois pensées récurrentes reviennent sans cesse dans la tête des garçons cool, imperturbables et sûrs d'eux que tu connais.

- « Je suis sans cesse observé et jugé. »
- « Je ne sais absolument pas comment y arriver. »
- « Mais je veux le faire ! »

« Je suis sans cesse observé et jugé. »

Les garçons ne sont pas sûrs de leurs performances, d'autant plus qu'ils ont sans cesse l'impression d'être observés et jugés… parfois en mal. Un garçon l'a formulé ainsi : « Nous pensons *tout le temps* à ce que les autres pensent de nous. »

Écoutez, par exemple, un étudiant fraîchement diplômé :

> « Bien que maintenant, je sois adulte et que j'aie décroché un emploi, à l'église, je redeviens le petit garçon que les gens ont vu jouer du tambour et faire des bêtises. Parfois même, à mon travail, des gens viennent me dire des choses qui m'amènent à croire qu'ils me considèrent encore comme un enfant immature. Ils se moquent de ma position, et j'ai envie de leur dire : *"Ce n'est vraiment pas le moment. Allez-vous en !"* »

Cette secrète vulnérabilité masculine n'est pas simplement due au fait que les garçons s'inquiètent de ce que les autres pensent d'eux, mais aussi à la prise de conscience que comme ils ne savent *pas toujours* ce qu'ils font, ils s'exposent toujours à être démasqués.

« Nous pensons tout le temps à ce que les autres pensent de nous. »

Un lycéen a expliqué : « Personne, à part nous, ne sait que nous ignorons ce que nous faisons. Nous semblons calmes sous la pression, alors qu'au fond, nous avons peur d'être pris en défaut. » Et comme l'a démontré notre sondage, ce sentiment d'incertitude ne fait que se renforcer lorsque les garçons deviennent des hommes et qu'ils sont confrontés à de nouveaux défis.

LES RÉSULTATS DU SONDAGE

« Pense aux fois où, ces dernières années, tu as dû affronter des situations épineuses et inconnues. Quels sentiments as-tu éprouvés ? (Il ne s'agit pas de tes actes, mais de tes sentiments.) »

Je peux m'en sortir sans aucun problème.	15-20 ans	46%
	21 ans et +	26%
Je ne suis pas sûr à 100% de savoir exactement ce que je fais, et j'espère que cela ne se verra pas.	15-20 ans	54%
	21 ans et +	74%

0% 50% 100%

« Je ne sais absolument pas comment y arriver. »

Évidemment, alors que tout le monde a les yeux braqués sur eux, beaucoup de garçons dissimulent le fait qu'ils ne sont *pas vraiment sûrs* de ce qu'ils font. Un autre jeune diplômé a raconté cette histoire :

> « L'été dernier, des amis se sont mariés et j'ai filmé leur mariage. Je ne savais pas quel résultat j'obtiendrais. Dans un sens, j'étais content de relever le défi, mais je n'ai pas arrêté de me dire : *Fais comme si tu étais expérimenté !* En réalité, je me demandais comment j'allais m'en sortir. »

Un autre garçon a dit : « Même si je souris et que je hoche la tête, au fond, je pense : *Je n'ai pas la moindre idée de la façon d'y parvenir, et j'espère l'avoir compris avant qu'on s'en aperçoive. »*

« Mais je veux le faire ! »

Les explications du « cameraman amateur » ci-dessus nous révèlent ce qui pousse un garçon à surmonter ses réticences : la soif de relever un défi, quelque chose de nouveau et d'excitant. Ces deux sentiments peuvent sembler contradictoires, mais ils font partie des tendances masculines innées. Les hommes veulent conquérir l'Everest, mais ils savent aussi qu'ils risquent des chutes humiliantes en cours de route.

Évidemment, c'est quand ils sont les plus vulnérables qu'ils ont le plus besoin de nos encouragements.

COMMENT LE DISCERNER ?

Un garçon qui, au fond, se sent complexé ne va sans doute pas te le dire en face ! Alors, comment le discerner ?

Les ados que nous avons interrogés nous ont livré trois indices révélateurs : la bravade, l'humour et la « feinte ».

Les garçons et la bravade

> *Bravade* : Étalage de bravoure ; action, attitude de défi ; fanfaronnade -- Dictionnaire Larousse

Beaucoup de garçons se sont vantés de toujours se sentir à la hauteur… ce qui prouvait le contraire. Lisez ce bref dialogue pris sur le vif dans l'un de nos groupes de discussion.

Le premier garçon : Je suis sûr de moi… toujours.

Le deuxième garçon : Ah ça non ! Tu te souviens de notre dernière partie de golf !

Le premier garçon (se levant et s'avançant vers le deuxième) : Ferme-la !

Dans un autre groupe, un élève de première a avoué franchement : « Nous essayons d'avoir l'air de savoir toujours quoi faire, même si c'est faux. *C'est pourquoi nous sommes furieux qu'on nous pousse dans nos retranchements.* »

> Les hommes veulent conquérir l'Everest, mais ils savent aussi qu'ils risquent des chutes humiliantes en cours de route.

Qui est vraiment le clown ?

Quand ils sont perturbés, beaucoup d'ados ont recours à l'humour. Regardez ces citations :

- « Si je commets une bévue, je fais rire les gens. Je rends ma mésaventure cocasse, et ça passe. Par exemple, si je donne une mauvaise réponse en classe, et que tout le monde éclate de rire, je peux soit rester debout et me sentir humilié, soit faire une grande révérence. »

- « Avec un peu d'humour, on se sort de tout. Si on n'est pas très brillant dans une certaine matière, on peut tirer son épingle du jeu en faisant rire le prof et en devenant le clown de la classe qui entre en compétition avec l'intello. Au moins, ainsi, on est bon à *quelque chose.* »

Fais comme si de rien n'était !

Comme l'humour, la feinte est un instrument favori des garçons. Elle n'est pas synonyme de la bravade. Comme l'a expliqué un garçon, « on a l'air calme, cool et décontracté, alors qu'on pense, en réalité : *Pourvu que j'arrive à m'en sortir avant d'être percé à jour !* »

Un étudiant nous a confié :

> « Les garçons qui font du sport essaieront de sauver les apparences. Ils se diront : "Je peux y arriver, c'est sûr !" En même temps, ils auront conscience que les autres les observent et tentent de les percer à jour. Quatre-vingt-quinze pour cent des gars n'admettront jamais qu'ils ignorent comment faire quelque chose et qu'ils ne sont pas capables d'y arriver. Ils feront tout pour le cacher. »

Un autre garçon a dit : « Je suis prêt à essayer n'importe quoi, sachant que j'en connais les rudiments ou que je peux faire semblant de les connaître jusqu'à ce que je les aie vraiment acquis. »

Il est évident qu'il est assez difficile de déterminer à quel moment les garçons jouent la comédie. L'essentiel est de comprendre que si un garçon paraît très sûr de lui, ce n'est pas forcément le cas en réalité.

QUAND LE MASQUE TOMBE

Que ressentent les garçons lorsqu'ils ne peuvent pas dissimuler leurs complexes ou pallier à leurs erreurs grâce à l'humour ?

L'un d'eux a expliqué : « On se sent misérable, comme si on ne valait rien. On craint de ne pas parvenir à donner le change. Si je rate un examen, je prends l'air impassible et je garde pour moi ce que je ressens. Je n'ai aucune envie de laisser les autres voir que je souffre. »

Les garçons nous ont répété maintes et maintes fois qu'ils ne voulaient à aucun prix se donner en spectacle devant les autres. Un jeune de dix-sept ans nous a raconté une anecdote qui montre à quel point les adolescents ont peur du ridicule, même s'ils savent que dans certaines situations, les bénéfices surpasseraient de loin l'humiliation momentanée qu'ils éprouveraient :

> « Je joue de la guitare et je chante, et je prends des leçons avec un excellent guitariste qui a joué avec Cindy Lauper et les Spin Doctors. Un soir, il jouait avec d'autres virtuoses, et il m'a invité à me joindre à eux ! Hélas, au lieu d'accepter, j'ai répondu : "Je

> suis désolé, mais c'est impossible. Ce soir, j'ai les doigts raides. Je suis fatigué... Je dois passer un examen demain matin..." Et je me suis éclipsé pour ne pas trahir ma gêne. Pourtant, si j'étais resté, j'aurais beaucoup appris. »

Le point essentiel, c'est que pour un garçon, *il est humiliant de sentir que quelqu'un doute de ses capacités, et il veut éviter à tout prix d'en arriver là.*

Les garçons nous ont dit qu'il était hors de question de laisser les autres voir leurs failles ou leurs erreurs.

LES GARÇONS CHERCHENT DES SIGNES

Ils guettent les réactions de ceux qui les entourent pour voir si leurs complexes inavoués sont fondés ou non. La manière dont vous réagissez (avec désinvolture, en les ridiculisant ou en les encourageant) conditionne donc leur bien-être. Ils cherchent des signes dans trois endroits particuliers : en famille, au travail (qu'il soit scolaire ou professionnel) et dans leurs relations (autrement dit, *auprès de toi*).

En famille

Sans aucun doute, les parents ont une énorme influence sur la vision qu'ont les ados d'eux-mêmes. Regardez ces deux commentaires :

- « Les parents jouent un rôle considérable. Ils peuvent remplir leur fils d'assurance ou, au contraire, les paralyser. »
- « Ma mère ne m'apprécie guère, et c'est dur à supporter. Cette semaine, elle m'a ordonné de passer l'aspirateur dans toute la maison parce que nous attendions des invités. Je l'ai fait, et elle ne m'a même pas dit merci. Elle ne voit jamais le positif. C'est triste. »

Les garçons observent toujours leur entourage pour voir si leurs complexes sont fondés ou non.

Au travail (scolaire ou professionnel) et dans leurs activités

Voici ce qu'un élève de terminale nous a raconté :

> « Au printemps dernier, j'avais de bons résultats scolaires, mais un jour, en cours de physique, j'ai eu un trou de mémoire. J'étais au tableau lorsque les formules se sont embrouillées dans ma tête. J'ai interrogé le professeur, et au lieu de m'aider, elle s'en est prise à moi. Elle a dit que j'étais brillant, mais paresseux. Et cela a complètement gâché le reste de ma semaine. Au lieu de penser : "Oh, ce prof raconte n'importe quoi !", j'ai ruminé sa remarque désobligeante. Après tout, elle n'avait pas

critiqué mes connaissances scolaires, mais elle m'avait attaqué personnellement ! Cela m'a écœuré. Je n'ai pas besoin d'être encensé, mais je ne supporte pas qu'on me piétine. »

Nous nous disons peut-être que les garçons devraient comprendre la fausseté de certaines critiques au lieu de se laisser démonter, mais souvenez-vous qu'ils redoutent secrètement qu'elles correspondent à la réalité. Un ado musicien a décrété : « Si je rate une audition musicale, je ne pense pas que l'examinateur est injuste, mais plutôt que je suis nul. Et si je rate un examen, je me dis : *Je suis vraiment un bon à rien !* Et pourtant, d'habitude, je suis plutôt brillant. »

C'est particulièrement éprouvant lorsqu'un garçon brave le ridicule pour faire quelque chose de nouveau et qu'on se moque de lui pour cela. Lis l'histoire de ce garçon :

« Un jour, on m'a invité à faire de la figuration dans un spot publicitaire. Ce que j'ignorais, c'est que tout le monde devait danser à la mode des années cinquante autour d'un juke-box. Au moment où je prenais mon courage à deux mains pour me lancer sur la piste, le producteur m'a fait signe de m'écarter en me lançant : "Sors de là, balourd !" Pendant tout le reste de la journée, sa réflexion m'a rendu malade. Même aujourd'hui, je suis écœuré à l'idée d'avoir eu l'air si grotesque. »

Dans leurs relations

Comme les garçons guettent les filles pour avoir des signaux, ils craignent ce qu'elles risquent de dire — autrement dit, la façon dont elles peuvent les blesser. Un lycéen a dit : « Les filles se rendent peut-être compte qu'elles nous parlent et nous traitent durement, mais elles croient pouvoir se le permettre parce que nous sommes forts. Mais intérieurement, nous ne sommes pas aussi solides qu'elles le pensent. »

Les garçons s'inquiètent sans cesse de l'impression qu'ils font aux filles. Ils doutent qu'ils soient désirables, spirituels et aptes à plaire. Un ado a avoué : « Avec une fille que je connais, je perds tous mes moyens. J'ai l'impression d'être débile, alors que d'habitude, j'ai de l'aplomb. Je me sens comme Cody Banks quand il essaie d'aborder Hilary Duff et que tout va de travers. »

Dans le film *Agent Cody Banks*, Cody (Frankie Muniz) n'est heureux que lorsqu'Hilary Duff s'intéresse à lui. Il n'est rassuré que lorsqu'il sent son approbation. Dans notre groupe de discussion, beaucoup d'ados ont déclaré que l'avis des filles qu'ils connaissaient déterminait pour une grande part leur opinion d'eux-mêmes.

Les garçons s'inquiètent sans cesse de l'impression qu'ils font aux filles.

Et Dieu, alors ?

Appuyons quelques instants sur la touche « pause ». Celles d'entre nous qui croient que Dieu devrait être notre principal appui objecteront sans doute : « Tous ces garçons n'ont qu'à chercher leur identité en Christ ! » Et il est vrai qu'aucun d'entre nous ne peut puiser le sens de sa valeur personnelle chez les autres. Avant tout, celle-ci provient du fait que nous sommes les enfants bien-aimés du Roi.

Mais cela dit, n'oublie pas que le Seigneur a déclaré dans la Genèse : « Il n'est pas bon que l'homme soit seul. » Il savait que sans la femme, l'homme serait incomplet, même si l'Éternel était à ses côtés. Le désir d'être « complété » par une femme a été implanté par Dieu dans le cœur de chaque homme.

LES RÉSULTATS DU SONDAGE

« Veux-tu que les filles de ton entourage t'aident à sentir que tu es capable d'accomplir ce que tout le monde attend de toi et à avoir l'impression que tu es digne de respect ? »

Oui, et elles ont une grande influence sur moi.	77%
Non, je ne compte pas sur les filles pour me soutenir. J'ai besoin de me sentir à la hauteur, mais d'autres qu'elles peuvent m'y aider.	23%

0% 50% 100%

Dans l'enquête, trois garçons sur quatre ont donc insisté sur l'importance de l'influence des filles. Voici l'explication d'un ado :

> « Il est agréable de sentir qu'une fille me fait confiance. C'est l'opposé de l'irrespect, que je déteste. Cela me donne l'impression d'avoir de la valeur, d'être quelqu'un de bien qu'elle aime et en qui elle croit. Une fille m'a dit : "Je te respecte. Je t'estime beaucoup, et ton opinion a une grande importance pour moi." Cela m'a donné des ailes... J'ai eu l'impression d'être capable de tout réussir ! »

Un autre ado a ajouté : « Cela me donne de l'assurance, me fait sentir que mon opinion compte et que mes paroles sont vraiment prises en considération. Quand les filles me demandent mon avis, je suis enchanté. »

Presque tous les garçons auxquels nous nous sommes adressé ont affirmé qu'ils préféraient entendre un encouragement d'une fille que d'un garçon !

Écoutez ce dialogue surpris pendant un groupe de discussion :

> **Un premier garçon** : Si j'essaie une nouvelle coupe de cheveux sans être sûr qu'elle m'aille bien et que Tom ou Pierre me disent qu'elle est cool, ça me rassure un peu... mais quand c'est une fille qui me l'affirme, c'est autre chose.

Un deuxième garçon : C'est parce que c'est une fille. Ça fait toute la différence !

Presque tous les garçons auxquels nous nous sommes adressé ont affirmé qu'ils préféraient entendre un encouragement d'une fille que d'un garçon !

Pense à toutes les fois où tu n'as pas soutenu les garçons que tu côtoies… simplement parce que tu n'as pas compris qu'ils étaient peut-être complexés. Ça donne à réfléchir, non ?

QUE DEVONS-NOUS FAIRE ?

Que doivent faire les filles qui veulent attirer l'attention des garçons au lieu de les repousser ? Voici ce que plusieurs d'entre eux ont raconté à ce sujet. Certains commentaires féminins les ont accablés, d'autres les ont stimulés.

Ce qu'il ne faut *pas* dire…

- « La pire des choses qu'elle puisse me dire, c'est : "Alors, tu ne fais pas la bise, aujourd'hui ?" Elle ne fait que prouver une fois de plus que je suis un minable. »
- « Quelquefois, elle soupire : "Je n'ai pas l'impression que tu m'aimes vraiment. Sinon, tu ferais telle ou

telle chose pour moi." Quand elle parle ainsi, je suis écœuré. Je ne suis jamais assez bien pour elle ! À quoi bon faire des efforts ? Elle n'est jamais contente ! »

- « Le pire est quand nous nous disputons et qu'ensuite, je fais quelque chose de gentil. Elle persifle alors : "Je sais très bien où tu veux en venir !" La situation est sans issue ! »
- « Les filles ne comprennent pas qu'il ne faut pas taquiner un garçon qui n'a pas le moral. »

Comment t'y prendre ? Mets-le à l'honneur…

… *devant les autres :*

- « Si ta petite amie te fait des compliments et vante tes mérites auprès de tes amis — ou même des siens — et que cela te revienne aux oreilles, cela te remplit d'assurance. Tu sais qu'elle pense à toi et qu'elle t'estime ! »
- « Je dois avouer que je suis ravi quand elle chante mes louanges à ses copines. »
- « Entendre dire du bien de soi est génial. Ça donne des ailes ! »

… *personnellement*

- « Pour moi, c'est fantastique de voir une fille chercher le bien en moi, même si elle est fâchée. Le respect consiste, entre autres, à prendre du recul quand on se dispute et à se demander : "Comment pouvons-nous résoudre ce conflit ?" L'altruisme de ma copine me donne envie de m'améliorer. Elle me pousse à me dépasser. »

- « Quand j'ai joué de la batterie à un concert et que je descends de l'estrade, ma copine m'attend en souriant, et elle fait battre mon cœur… Elle me prend le bras et elle s'écrie : "Oh, chéri, c'était super… C'est vraiment toi le meilleur !" Pendant toute la semaine, je suis sur un petit nuage. »
- « Ma fiancée cherche toujours mon intérêt. Elle m'aide et me soutient d'une façon incroyable. Même si elle me reprend, ce n'est pas un problème, parce que *c'est uniquement pour mon bien*. Elle n'est absolument pas égoïste. »

Flatter ou encourager ?

Mais ne s'agit-il pas là de viles flatteries ? Eh bien, en fait, les garçons savent qu'il est mal de se vanter : cela prouve qu'on manque d'humilité. Mais si c'est *toi* qui leur dis ou qui rapportes aux autres à quel point ils sont merveilleux, il ne s'agit pas de vantardise orgueilleuse, mais plutôt d'encouragements positifs. (C'est ce que l'apôtre Paul voulait dire dans sa lettre aux Philippiens, lorsqu'il conseillait de penser à ce qui est « vertueux » ou « digne de louange » !)

Par contre, si un garçon n'est pas sûr que sa copine le trouve génial, il ira chercher des encouragements ailleurs. Par exemple, il passera plus de temps au travail, à ses loisirs, au gymnase ou derrière son ordinateur. Un garçon nous a demandé :

> « À votre avis, pourquoi croyez-vous que tant d'hommes prennent les sports tellement au sérieux ? C'est parce qu'ils s'y sont entraînés et qu'ils font des étincelles. Les gens leur disent : « Bien joué ! » ou « Génial ! » Quand ils s'avancent, ils voient qu'ils impressionnent l'équipe adverse. Rien ne vaut ce sentiment.

Quel message transmets-tu aux garçons qui t'entourent ?

LE DON DE L'ASSURANCE

Dans le film *Spider Man 2,* nous avons vu Peter Parker tenter de venir à bout de sa mission épineuse sans vraiment y parvenir. Il se tue à la tâche ! À toute heure, il vole au secours des autres, tout en essayant de mener de front ses études, ses relations et un métier. Il finit par décevoir son professeur, son patron, son logeur… et pire encore, la fille qu'il aime secrètement. Celle qu'il aime en secret, Mary Jane, est tellement écœurée qu'il semble faire passer d'autres choses avant elle qu'elle se fiance à un autre !

Quand Peter voit ses pires craintes se réaliser, il perd toute son assurance. Plus il déçoit ses proches, plus il est déprimé. Finalement, il est tellement à bout qu'il renonce à être un super héros… jusqu'à ce que Mary Jane soit en détresse !

À la fin, elle découvre qui est vraiment Peter, et elle lui fait la surprise de le choisir de préférence à son rival. Mais bien qu'il soit reconnaissant, il manque encore d'assurance. Pour épargner à l'élue de son cœur les déceptions et le danger, il a renoncé à être un super héros… cependant, en faisant cela, il n'est plus l'homme qu'il souhaite être.

Dans la dernière scène, au cours de laquelle Peter embrasse enfin la fille de ses rêves, il entend retentir les sirènes qui l'ont si souvent poussé à abandonner ses activités ordinaires pour secourir des victimes. Mais il se tourne vers Mary Jane et la regarde tendrement, comme pour lui dire : « Ne t'en fais pas ; c'est toi que je choisis. »

Toutefois, au lieu de le retenir par égoïsme ou par crainte, elle lui donne un dernier baiser, fait un geste en direction de la fenêtre et déclare : « Va les attraper, mon héros ! » Alors, c'est un Spider Man fringant qui s'envole, pleinement aimé et persuadé d'être le héros qu'il souhaite tant devenir.

Et toi, quel message lances-tu aux garçons auxquels tu tiens ? Est-ce un discours égoïste, du genre : « Tu n'es jamais à la hauteur », ou une parole encourageante, comme : « Va les attraper, mon héros ! »

Les garçons qui t'entourent veulent secrètement que tu les considères, eux aussi, comme des super héros. Et si tu leur montres que c'est le cas, tu seras capable de les aider à vaincre leurs complexes secrets et à s'envoler vers le monde avec assurance.

Chapitre 4

DUR OU TENDRE ?

Un coup d'œil au fond du cœur de M. Gros Dur.

Les garçons ont l'air indestructibles, mais en réalité, ils ont le cœur tendre, facilement blessé et entouré d'une carapace. Toutefois, ils laisseront tomber cette dernière s'ils savent qu'avec toi, leur cœur sera en sécurité.

Imagine que tu viennes d'une tribu primitive et que tu voies des plaques électriques pour la première fois de ta vie. Tu découvres quatre éléments circulaires, mais tu ne sais pas à quoi ils servent. L'un d'eux est noir, les trois autres rouge vif. Tu mets ta main sur l'élément noir, et tout se passe bien. Mais quand tu touches les autres, tu te brûles les doigts !

Tu apprends vite que ces cercles peuvent te faire mal. Aussi, soit tu restes prudemment à distance, soit, si tu dois t'approcher, tu enfiles le gant en Teflon qui était posé près des plaques. Au bout d'un certain temps, tu trouves le gant en Teflon si protecteur que tu le portes souvent, même si ce n'est pas absolument obligatoire.

Extérieurement, les garçons ressemblent souvent au Teflon. Rien ne semble pouvoir les brûler. Mais en réalité, ils sont aussi vulnérables que toi.

« OUI, NOUS SOMMES SENSIBLES MAIS NOUS NE LE MONTRONS PAS »

Bien que les garçons *aient l'air* indestructibles sur le plan émotionnel, ce n'est pas le cas. Au contraire, intérieurement, ils sont très tendres et facilement blessés. Dans ce chapitre, tu vas apprendre de leur bouche à quel point ils éprouvent le besoin de se préserver affectivement.

Tous les garçons que nous avons interrogés ont expliqué qu'ils devaient se forger une carapace dans un monde qui risquait de les blesser profondément sans cela. C'est surtout dû au fait qu'à la différence des filles, les garçons ne se sentent « pas le droit » de montrer tout ce qu'ils ressentent intérieurement. Ils ont appris à garder leurs émotions pour eux.

Bien que les garçons aient l'air indestructibles sur le plan émotionnel, ce n'est pas le cas. Au contraire, intérieurement, ils sont très tendres et facilement blessés.

Comme l'a dit un lycéen, « les garçons sont comme ça : ils ne montrent pas leurs émotions, mais ce n'est pas pour cela qu'ils n'en éprouvent pas. Nous sommes souvent blessés, mais nous le gardons pour nous, parce que nous voulons nous dominer. »

Pourquoi les garçons dissimulent-ils leurs véritables sentiments ? Pour trois grandes raisons.

« Sans cela, je serai grillé… »

Les garçons prennent l'air impassible et contiennent leurs émotions avant tout parce qu'ils sont tendres et vulnérables. C'est un moyen de se protéger. Évidemment, s'ils n'étaient pas dans un groupe de discussion où leur anonymat est préservé, jamais ils ne l'admettraient ! Plusieurs ados ont déclaré : « Dites aux filles qui liront ce livre que *nous nous mettons facilement en colère*. Avouer que nous sommes sensibles nous donne l'air si… si… *efféminés !* »

O. K., *ils se mettent facilement en colère*. Mais qu'on emploie ces termes ou d'autres, cela revient au même : leur cœur est beaucoup plus tendre qu'ils sont prêts à l'admettre

Un membre d'un orchestre scolaire a déclaré : « Tout le monde est humain, qu'il le laisse paraître ou pas. Parfois, je dois diriger l'orchestre et me montrer ferme et énergique, mais ce n'est pas pour cette raison que je ne suis pas anxieux et que je n'ai pas de problèmes. »

Et les garçons ont appris qu'ils sont particulièrement vulnérables avec les êtres qui comptent beaucoup pour eux. Comme nous l'a confié un lycéen, « les personnes que vous aimez le plus sont celles qui peuvent vous faire souffrir le plus. Si quelqu'un qui vous est indifférent vous trahit, cela n'a guère d'importance. »

« C'est simplement le rôle qu'on attend de moi… »

Les garçons dissimulent aussi leurs émotions parce qu'ils ont l'impression que c'est ce qu'on attend d'eux. Sans cela, ils auraient l'air bizarre et les autres penseraient qu'ils sont faibles.

Par exemple, nous avons entendu : « Si j'ai eu une mauvaise journée, je ne peux pas me permettre de le montrer. Il faut que je sourie et que je reste énergique. » et « si on se sent misérable intérieurement, on ne doit pas le laisser paraître. Je ne veux surtout pas montrer mes émotions, laisser les autres lire en moi. J'essaie de les cacher… du moins en public. »

Même les bons copains ne se font généralement pas de confidences dans ce domaine, comme le prouvent ces commentaires :

- « Si on est avec un garçon et qu'on a quelque chose sur le cœur, c'est comme un jeu. On se fait juste un signe, comme si on était complices, mais ça s'arrête là. Le signe de connivence remplace les confidences. De toute façon, si on dit à un copain ce qu'on a sur le cœur, ça le met mal à l'aise et il n'écoute que d'une oreille. »

- « Si un copain m'avoue qu'il a un problème avec une fille, je me contente de lui donner une tape dans le dos et je lui dis qu'il y a de nombreux poissons dans la mer. »
- « On n'ouvre pas son cœur aux autres garçons… à part le strict minimum. »

> Même s'ils ne veulent pas avouer qu'ils sont sensibles, leur cœur est beaucoup plus tendre qu'ils le laissent paraître.

« Je ne sais pas comment faire autrement… »

Comme ils ont appris depuis leur enfance à refouler leurs émotions, bon nombre de garçons ignorent *comment* exprimer ce qu'ils éprouvent, si bien qu'ils ne le font pas.

Selon les paroles d'un lycéen, « les garçons sont aussi sensibles que les filles, mais ils ne savent pas comment l'exprimer. »

Les garçons ont conscience qu'à cause de cela, les filles peuvent s'imaginer qu'ils sont insensibles. La plupart voudraient leur faire savoir qu'il n'en est rien. Voici ce qui s'est dit dans un groupe :

Un premier garçon : « Aucun garçon digne de ce nom ne veut froisser les sentiments d'une fille. Seuls les brutes et les débiles le font. »

Un deuxième garçon : « Tu ne comprends pas qu'on a tous plus ou moins l'air de brutes et de débiles ? C'est pour cela qu'on écrit ce livre ! »

LES PLAQUES CHAUFFANTES BRÛLANTES

Évidemment, il importerait peu que les garçons soient vulnérables s'il n'y avait pas d'éléments dangereux autour d'eux. Nous voulons parler des filles qui prennent plaisir à les froisser par leurs paroles et leurs actes blessants.

Nous avons été stupéfaites de découvrir que beaucoup de garçons n'ont pas confiance en la plupart des filles qu'ils connaissent. Ils ont l'impression que s'ils leur laissent le champ libre, elles leur feront du mal. Certes, ils les *apprécient*, mais *ils s'en méfient*.

Bien sûr, ils établissent une distinction entre les filles qu'ils « côtoient » et les quelques « véritables amies » auxquelles ils se confient. En effet, ces dernières leur ont prouvé qu'elles ne leur nuiraient pas.

LES RÉSULTATS DU SONDAGE

« Combien de fois ne fais-tu pas part de tes sentiments aux filles que tu côtoies ? (À l'exception de ta meilleure amie ou de ta copine) »

a. Presque toujours. Instinctivement, je ne m'épanche pas auprès des filles.	28%
b. Il m'arrive de me laisser aller, mais c'est rare.	58%
c. Jamais. Je dis toujours aux filles ce que je ressens.	14%

0% 50% 100%

Fais le calcul : 86 pour cent des garçons cachent *toujours* ou *le plus souvent* leurs sentiments aux filles.

Pourquoi ?

LES RÉSULTATS DU SONDAGE

L'affirmation suivante est-elle vraie ou fausse ? La principale raison pour laquelle tu ne confies pas ce que tu ressens est que tu veux éviter d'être blessé et/ou que tu crains que certaines filles en profitent pour se moquer de toi. »

Oui, c'est vrai.	68%
Non, c'est faux..	32%

0% 50% 100%

Comme l'a dit un garçon, « je ne confie qu'à mes copains ce que je ressens. Il est trop risqué de le dire à une fille. »

Nous avons été stupéfaites de découvrir que beaucoup de garçons n'ont pas confiance en la plupart des filles qu'ils connaissent.

Souviens-toi que même si un garçon fait comme si rien ne pouvait l'atteindre, *il sait* que si quelqu'un le blesse, il souffrira. Et nous avons été surprises de constater que beaucoup de garçons ont l'impression d'être entourés de « requins », c'est-à-dire de filles sur la discrétion desquelles ils ne peuvent pas compter quand ils se sentent faibles et vulnérables. C'est pourquoi, selon eux, ils ont appris à se forger une carapace.

« Je ne confie qu'à mes copains ce que je ressens. Il est trop risqué de le dire à une fille. »

Un étudiant qui avait l'air d'être un « dur à cuire » nous a raconté cette histoire :

> « Au lycée, j'étais très timide, même si je ne le paraissais pas. J'étais plutôt "populaire", mais au fond, je n'en menais pas large. J'étais fou d'une fille de ma classe et j'aurais bien voulu sortir avec elle, mais j'étais trop lâche pour le lui demander. Aussi, j'ai prié mon meilleur ami de lui téléphoner, juste pour tâter le terrain, et j'ai pris l'écouteur afin de suivre leur conversation. Mon copain a bavardé quelques instants, puis il a déclaré : "Au fait, j'ai l'impression que tu plais beaucoup à mon ami. Ça te dirait de sortir avec lui ?" Aussitôt, elle a répondu : "Ah non ! Il est nul, et ce n'est pas mon type." J'ai eu l'impression de recevoir un coup de poignard en plein cœur. Ça fait environ trois ans que cela s'est passé, et je peux me souvenir exactement de ce qu'elle a dit et des termes qu'elle a employés. Ça paraît stupide, mais il m'a fallu des années pour m'en remettre. »

Si tu penses que les sentiments des garçons ne peuvent être blessés *que* par une déception sentimentale, réfléchis à la question. Souviens-toi que les garçons se demandent secrètement s'ils sont à la hauteur dans tous les domaines, et pas seulement sur le plan sentimental. Il est donc extrêmement facile de les froisser dans n'importe quelle situation. L'un des garçons les plus âgés de notre groupe de jeunes nous a rapporté cette anecdote : « Au dernier contrôle linguistique de ce trimestre, une fille de ma classe a eu 16 et moi 11. Elle s'est tournée vers moi et elle a dit en riant : "Tu as vu ? Tu n'es pas aussi bon que moi !" *Je sais très bien* qu'elle voulait seulement plaisanter… mais j'étais déjà mécontent de ma note, et elle m'a vexé. »

En lisant cela, tu penses peut-être intérieurement : « *C'est vraiment ridicule. Aucun garçon ne devrait se formaliser d'une telle bêtise !* »

Voilà le problème.

Les garçons sont différents de nous. Ce que nous considérons comme totalement anodin risque de les marquer au fer rouge. Nous n'avons pas inventé les remarques que nous t'avons livrées. Quand nous avons discuté à cœur ouvert avec des adolescents, ils nous ont répété maintes et maintes fois que souvent, des parents, des professeurs et des camarades de classe avaient fait beaucoup de mal à leurs copains en leur adressant des remarques cinglantes.

Et quand c'étaient des filles, ils avaient été au supplice.

LES FILLES SONT-ELLES DES « PESTES » ?

Plusieurs garçons ont fait des commentaires sur le film « Lolita malgré moi » (sorti en 2004). Comme beaucoup d'entre vous le savent, ce film met en scène la fille de zoologistes, Cady Haron (Lindsay Lohan), qui a été scolarisée par ses parents et qui va pour la première fois en classe au lycée. Après avoir passé toute son enfance en Afrique, elle découvre avec stupéfaction que les normes sociales d'intégration du lycée sont beaucoup plus terrifiantes que tout ce qu'elle a connu dans la jungle. Elle se lie d'amitié avec quelques élèves peu populaires, mais ensuite, lorsqu'elle entre dans la redoutable jungle des jolies « Plastiques », elle s'aperçoit non seulement que ce sont de vraies pestes, mais aussi qu'il est facile d'en devenir une elle-même.

L'un des garçons qui a abordé ce sujet a déclaré : « Le film est conforme à la réalité. Les filles sont de vraies vipères. Quand elles ont une idée derrière la tête, tous les prétextes sont bons pour parvenir à leurs fins. »

Je ne sais pas si tu vas nous croire, mais nous avons entendu ce genre de commentaires maintes et maintes fois, et nous allons t'en livrer quelques-uns. Les garçons voient les filles ainsi, mais est-ce exact ? Est-il possible qu'en réalité, certaines filles ne soient pas vraiment des « pestes », mais qu'elles en donnent seulement l'impression ? Et si elles le sont, ne peuvent-elles pas changer si on leur ouvre les yeux ? Nous avons demandé à un couple de conseillers expérimentés de te faire part de leurs découvertes.

CONSULTE LES EXPERTS : Clayton et Cheryl Kull, tous deux parents, conseillers et responsables chrétiens

Nous ne sommes par surpris que beaucoup de garçons soient déconcertés, intimidés ou écœurés par des filles à l'apparence méchante et autoritaire. C'est un vrai problème, même dans l'église. Les filles agissent souvent ainsi parce qu'elles s'imaginent que c'est le seul moyen d'être acceptées et d'attirer l'attention. Elles séduisent, intriguent, trompent, manipulent, divisent et conquièrent (tout cela afin de prendre le pouvoir) dans le but de ne plus jamais être blessées.

Nous avons distingué deux catégories de « pestes ». Toutes agissaient à la suite d'une blessure, même si ce n'était pas toujours apparent. Nous appellerons les premières des « Jézabel », comme la femme manipulatrice du roi Achab dans la Bible. Les Jézabel se consacrent inconsciemment à conquérir et à détruire, mais c'est parce qu'en fait, elles ont été profondément blessées. En réalité, elles craignent d'être abandonnées. Aussi se liguent-elles avec la deuxième catégorie de filles, les « groupies ». Ces filles ont, elles aussi, été blessées, mais au lieu d'agresser directement les autres, elles tombent sous la coupe d'une amie comme Jézabel, qui ne les flattera que pour mieux les dominer. Pour rehausser le sentiment de sa valeur personnelle, Jézabel veut des amies qui l'admirent, et ses « groupies », de leur côté, souhaitent avoir une amie qu'elles considéreront comme « meilleure qu'elles ».

Aucun de ces deux comportements n'est sain, et ils n'aboutissent qu'à faire de la peine aux autres, comme nous le verrons plus loin.

Comment les garçons décrivent-ils les pestes ?

Autant de te le dire tout de suite, il te sera peut-être difficile de lire les lignes qui vont suivre. Respire à fond et parcours les commentaires peu flatteurs des garçons sur la vision qu'ils ont des filles en général. Comprends-le bien, il ne s'agit que d'un petit échantillon des *multiples* commentaires que nous avons entendus :

- « Les filles passent leur temps à se débiner les unes les autres... elles font semblant d'être amies et elles se cassent sans arrêt du sucre sur le dos. Les garçons, eux, se disent les choses en face. Mais vu la comportement des filles, nous savons que nous avons intérêt à nous en méfier. »
- « Quand on voit la façon dont les filles se traitent entre elles, on sait qu'il faut s'en méfier. Les garçons mettent les choses à plat et résolvent les problèmes, mais les filles font tout par derrière. On dirait la mafia : "Je vais tuer ta mère, ton chien, tout le monde." Elles lancent des rumeurs et font des clans — comme dans une scène *d'Anchorman* ou de *Gangs*

of New York, où personne ne sait contre qui il se bat. »

- « Les filles manquent de tact. J'ai entendu dire plusieurs fois qu'une fille avait rompu avec son copain, et que l'amie à laquelle elle l'avait raconté courait après lui dans les deux jours qui suivaient. Les filles ne jouent pas franc jeu. »

Quand on voit la façon dont les filles se traitent entre elles, on sait qu'il faut s'en méfier.

- « Chaque fois qu'une fille fait quelque chose de mal, j'ai l'impression qu'elles sont toutes mauvaises. Je me dis que je ferais mieux de me plonger dans mes jeux vidéo pendant le reste de ma vie. Je me réfugie dans mon univers masculin, comme si on m'avait amputé d'un membre. »
- « Les filles se font des idées sur les autres et n'en démordent plus, même si elles se trompent. Je suis prêt à parier qu'elles déforment systématiquement la vérité. »

Des quantités de garçons ont déclaré qu'ils rêveraient de laisser tomber le masque pour s'épancher auprès des filles, car ils aiment la perspective féminine de la vie basée sur l'émotion. Ils voudraient avoir de bonnes amies, mais pour cela, il faut qu'ils s'exposent au rejet et à l'humiliation — et c'est un risque qu'ils n'osent pas prendre.

Un étudiant a dit : « Les garçons tiennent par-dessus tout à leur ego, et les filles sont capables de le détruire plus facilement que n'importe qui. »

Un autre a ajouté : « Rien n'est pire que d'être méprisé par une fille. De la part d'un garçon, cela passe encore, mais pas de la part d'une fille. »

Quand les garçons se sentent-ils blessés par les filles, et à quel moment les considèrent-ils comme des « pestes » ?

En lisant tous ces commentaires, tu es peut-être outrée ou même furieuse — à moins que tu sois juste étonnée d'apprendre que les garçons considèrent la plupart des filles comme des « pestes ». Nous avons pensé qu'il te serait utile de découvrir les principaux points qui écœurent les garçons et leur donnent une mauvaise opinion des filles. Tu vas peut-être te dire que certaines réflexions sont excessives et qu'elles ne correspondent pas du tout à ton cas… ce qui est sans doute vrai ! Toutefois, souviens-toi que nous ne parlons pas de ce qu'éprouvent réellement les filles, mais de l'apparence qu'elles donnent. Et nous sommes sûres que la plupart de nos lectrices préfèrent connaître les plus grands sujets de préoccupation des garçons, pour pouvoir éventuellement changer de comportement.

> Rien n'est pire que d'être méprisé par une fille. De la part d'un garçon, cela passe encore, mais pas de la part d'une fille.

Les garçons détestent :

Être mal jugés : « Je n'en suis pas encore arrivé à un point où je peux tout dire à ma copine. Je peux me confier à mes quatre meilleurs amis, car je sais qu'ils ne me jugeront pas et qu'ils ne me regarderont pas de haut. J'espère pouvoir en arriver là avec ma copine. Ce serait l'idéal, mais pour l'instant, ce n'est pas le cas. »

Se disputer : « Je ne supporte pas qu'on se dispute. Comme elle a la langue bien pendue, elle a toujours le dernier mot. Et moi, je me dis : "Qu'est-ce que j'ai fait pour mériter ça ?" »

L'hypocrisie : « Les filles m'ont tellement menti et blessé que je ne leur fais plus confiance. Je me dis toujours que si l'une d'elles sait ce que je pense, je ne suis plus en sécurité. C'est pourquoi je garde mes pensées pour moi. »

Les commérages : « Les filles parlent trop. Elles vont aux toilettes par groupes de cinq, et elles parlent de nous. Au moins, les garçons réagissent aux coups durs avec leur testostérone. Mais les filles deviennent méchantes, et elles disent des trucs dans notre dos. »

La jalousie : « Ma copine est parfois si soupçonneuse et si jalouse ! Un soir, j'ai travaillé tard et elle m'a téléphoné pour savoir ce que je faisais. Elle m'a bombardé de questions, du genre : "Quand rentres-tu à la maison ? Pourquoi travailles-tu si tard ? Tu te moques de moi, c'est ça ?" Au début, j'étais content d'entendre sa voix, mais au bout de quelques minutes, j'ai crié : "Ça suffit ! Je te rappellerai plus tard !" »

La rancune : « Les filles sont rancunières. Elles n'arrivent pas à pardonner. Et elles sont tenaces. Elles pensent : "Je vais ruiner ta réputation. J'y mettrai le temps qu'il faudra !" »

Et enfin…

La méchanceté : Nous préférerions nous limiter à une seule citation… si seulement nous n'en avions qu'une ! (ou même aucune !) Mais comme les garçons ont donné de multiples exemples de méchanceté parmi les filles qu'ils connaissent, nous

nous sommes résolues à vous livrer quelques autres remarques :

- « Les garçons vous donnent un coup de poing, mais les filles vous brisent le cœur. »
- « Les garçons se battent avec leurs adversaires, mais ne ruinent pas sa réputation, comme le font les filles. »
- « Certaines filles me rendent fou quand elles parlent, car je ne sais jamais si elles sont sarcastiques ou si elles disent la vérité. Est-ce que ce sont des anges ou des démons ? Avec elles, c'est comme si on marchait dans un champ de mines ! »

Un peu d'introspection…

Est-il possible que les autres te voient ainsi ? Retournons consulter nos experts…

CONSULTE LES EXPERTS : (suite)

Se pourrait-il que tu sois une « Jézabel » ?

- T'arrive-t-il de mijoter de te venger de quelqu'un qui t'a offensée ?
- Connais-tu des filles prêtes à faire ce que tu leur suggères ? (Exemple : « Le mercredi, on s'habille toutes en rose… »

- T'es-tu déjà lassée d'une ancienne amie, et as-tu cherché à l'exclure (voire même à la détruire de façon subtile) sous prétexte qu'elle t'a déçue ?

Se pourrait-il que tu sois une « groupie » ?

- As-tu une « amie » dont, selon toi, tu ne pourrais absolument pas te passer ?
- Connais-tu une fille qui te fait faire ses quatre volontés en te payant des cadeaux, en t'appelant au téléphone ou en te flattant ?
- Lui restes-tu loyale même si elle te manque de respect, qu'elle profite de toi ou qu'elle te traite mal ?
- Crains-tu de la fâcher de peur qu'elle ne te rejette ?
- As-tu besoin de quelqu'un d'autre que Dieu pour te soutenir ?

Si tu as l'impression de te reconnaître dans les portraits ci-dessus, il est temps de te remettre en question et de t'efforcer de changer. Souviens-toi qu'en général, on adopte ce genre de comportement parce qu'on est blessé. Aussi, si quelqu'un t'a rejetée ou abandonnée, choisir de lui pardonner peut tout transformer. D'autre part, demande à Dieu de te pardonner d'avoir manipulé les autres pour répondre à tes besoins personnels et d'avoir cherché à tirer profit de relations malsaines (en voulant être approuvée, exercer un pouvoir sur les autres, etc.) au lieu de chercher à faire confiance au Seigneur. Prie-le de te guérir, de t'aider à te séparer de tes amies malsaines et à t'en créer de nouvelles qui te feront du bien. Et ensuite, savoure ta guérison intérieure.

DEVENIR UNE FILLE QUE LES GARÇONS SOUHAITERONT AVOIR POUR AMIE

Si les garçons se méfient des filles, comment dois-tu réagir ? Les garçons pensent-ils que toutes les filles sont atroces ? Pas du tout… heureusement !

J'ai une bonne nouvelle pour toi : tous les garçons auxquels nous avons parlé ont connu et admiré beaucoup de filles « sûres ». Pour eux, non seulement ces filles étaient gentilles, mais elles leur faisaient énormément de bien. Quand les garçons *savent* qu'ils peuvent compter sur une fille, ils laissent tomber leur carapace.

Il y a des millions de filles de ce genre. Peut-être en fais-tu partie ? À moins que tu aies certaines de leurs qualités, mais que, comme pour la plupart d'entre nous, il te reste encore beaucoup de choses à apprendre ?

Les garçons apprécient beaucoup les filles « sûres », car elles ne sont pas seulement gentilles, mais elles leur font beaucoup de bien.

Comment peux-tu en faire partie ? Tout comme nous avons dressé la liste de ce qui rebutait les garçons, voici ce que, d'après eux, est *génial* chez les filles qu'ils apprécient.

Écoute, comprends et soutiens

Les garçons cherchent des filles qui les soutiennent et les comprennent, et non des rivales.

- « Je n'ai aucune envie qu'elle soit capable de me battre à la lutte. Je veux qu'elle m'écoute, me connaisse et comprenne ce que j'éprouve. »
- « Si je subis un échec, ma copine m'affirme que ses sentiments n'ont pas changé, que je ne l'ai pas déçue et qu'elle va continuer à me soutenir. »
- « Si elle me pose une question, je n'ai pas peur de lui répondre franchement. »

Renforce leur estime de soi

- « J'aime surtout qu'elle rie quand je plaisante. »
- « Si je sors avec des filles qui me font rire, je me sens bien. Je veux trouver une copine qui m'aide à me sentir bien. »

Sois attentive aux sentiments des autres

Lorsque les filles ne font *pas* de ragots, les garçons le remarquent. Dans l'un des meilleurs sermons de la Bible,

Jésus a dit : « Heureux les humbles, car ils hériteront la terre ! » N'aimerais-tu pas que les garçons fassent l'un des commentaires suivants à ton sujet ?

- « Jamais je n'ai entendu cette fille dire du mal de quelqu'un. »
- « Elle ne plaisante jamais aux dépens des autres. »

Détends-toi et reste cool

Les garçons veulent que tu sois cool. Ils apprécient les filles qui sont décontractées et qui prennent la vie comme elle vient.

- « Je trouve super qu'une fille soit assez à l'aise pour nous laisser parler avec d'autres sans s'accrocher à nous de peur qu'on ne la laisse tomber. »
- « J'aime bien les filles qui ne font pas d'histoires pour un rien et qui ne se prennent pas la tête sans arrêt. »

Quand les garçons se sentent en sécurité avec une fille, ils laissent tomber leur carapace.

Grand pouvoir = grande responsabilité

Répétons-le, tu as un pouvoir incroyable sur les garçons en général et l'homme de ta vie en particulier. Et les garçons souhaitent que tu les aides et les soutiennes ! Même si les hommes qui t'entourent paraissent grands et imposants, ils cachent au plus profond d'eux-mêmes un petit garçon facilement blessé et qui cherche un endroit où il sera libre d'être lui-même.

Certaines de tes réactions font-elles de toi une amie douteuse ? Si c'est le cas, demande pardon à Dieu. Il souhaite t'aider à acquérir un cœur pur qui transmettra la vie aux autres, et non la confusion et le rejet.

Tout cela nous ramène à la Règle d'or : « Agis envers les autres comme tu voudrais qu'ils agissent envers toi. » Tu désires avoir un ami ? Sois amicale. Tu aspires à confier tes secrets sans qu'on les divulgue ? Sois toi-même un modèle de discrétion. Tu aimerais être soutenue et encouragée ? Fais de même pour ceux qui t'entourent. Tu finiras par être récompensée, c'est promis.

Chapitre 5

GARDIENS D'ALBUMS PHOTOS

Que signifie vraiment « les gars sont visuels »… et quelles répercussions cela a-t-il sur toi ?

Même les garçons sérieux qui ont une solide relation avec leur copine meurent d'envie de dévorer des yeux les jolies filles et de fantasmer à leur sujet, surtout si elles sont vêtues de façon provocante.

Lisa : Récemment, j'ai regardé une rediffusion de *Seinfeld* où Jerry apprend qu'il doit une somme astronomique à la bibliothèque municipale de New York, parce qu'il n'a pas rendu un livre qu'il avait emprunté dans les années soixante-dix. Il est ulcéré, parce qu'il se souvient parfaitement du jour où il l'a emprunté, car une certaine fille l'accompagnait. Jerry se rappelle qu'elle portait (vingt-cinq ans plus tôt !) un pull orange et qu'elle avait une jolie silhouette. Il raconte à ses amis que son portrait est pour toujours gravé dans sa tête.

Dans cet épisode, les scénaristes de *Seinfeld* ont abordé un point très important : les garçons sont visuels.

Voici à quoi cette réalité pourrait ressembler dans ton univers personnel :

Scène un : Julien, un élève de première sérieux, sportif et musicien, assiste à un cours de trigonométrie un jour d'automne comme les autres. Le professeur demande à une fille du fond de la classe de venir devant résoudre un problème au tableau blanc. Elle s'avance. Amandine a une jolie silhouette et porte un short moulant et un petit top à fines bretelles. Elle ne s'exhibe pas. Simplement, elle est vêtue comme toutes les filles de l'endroit où elle habite. Elle commence à résoudre le problème. Elle est concentrée sur son travail et elle n'a pas conscience des regards braqués sur elle.

Nous avons demandé : « Qu'est-ce qui vous passe par la tête ?

Scène deux : Nous avons parlé à plusieurs adolescents. La plupart avaient une copine et étaient des garçons sérieux et dignes de confiance. Nous leur avons exposé la scène un (ci-dessus) et nous leur avons posé la question : « À la place de Julien, qu'est-ce qui te passerait par la tête pendant que cette fille se concentre devant le tableau ? »

Voici quelques-unes des réponses :

- « Elle est bien roulée. »
- « J'espère qu'aujourd'hui, elle résoudra *tous* les problèmes au tableau. »
- « Je me demande quels sous-vêtements elle porte. »

(Un autre garçon, en entendant cette réponse :)
« … ou plutôt, si elle en porte ? »

- « Au fait… Est-ce qu'elle est vierge ? »
- « Ce qui se passe dans ma tête ? Pas question que je vous en parle ! Je vous dirai juste que cela n'a rien à voir avec les maths. »
- « Si je n'y prends pas garde, je vais me demander à quoi elle ressemble sans ses vêtements. »
- « Concentre-toi sur ces maths. Tu veux avoir ton bac l'an prochain, oui ou non ? »
- « Si je ne me reprends pas, je vais repenser à un clip porno que mon frère aîné m'a montré quand j'avais treize ans. »

Si tu avais été avec nous et que tu avais entendu ces garçons, qu'en aurais-tu pensé ? Aurais-tu été stupéfaite ? Déçue ? Un peu des deux ? La plupart des filles qui entendent ce genre de commentaires tombent de haut, comme Shaunti et moi lorsque j'ai étudié le sujet pour la première fois à l'occasion de mon enquête *Réservé aux femmes*. Nous avons d'abord pensé : « Ces pauvres garçons ont un problème *grave !* » Mais nous avons entendu des garçons géniaux parler ainsi, et même des chrétiens fervents qui ne s'isolent jamais avec leur fiancée pour ne pas aller trop loin ! Aussi, même si c'est difficile à croire, nous devons admettre que ces pensées (qu'en général, les garçons gardent pour eux !) sont *normales*, même si elles ne sont pas *bonnes*. Elles traversent l'esprit des gentils garçons sérieux à côté desquels tu es assise en cours de maths.

Je pense que la majorité d'entre nous savent déjà que les garçons sont captivés par ce qu'ils voient, mais sans avoir vraiment compris ce que cela impliquait. Dans ce chapitre, nous allons donc en étudier les conséquences, en particulier pour les filles. Certaines informations seront difficiles à écrire et à lire, mais comme il est extrêmement important de comprendre cet aspect de la nature masculine, nous espérons que tu persévéreras dans ta lecture.

Précisons toutefois que nous n'excusons pas pour autant les mauvais choix. Mais nous affrontons tous des tentations, et les garçons sont particulièrement vulnérables dans ce domaine. Un peu plus loin, nous parlerons du choix que chacun d'eux peut faire de céder à la tentation ou d'en triompher, mais pour l'instant, définissons à quoi ressemble leur monde intérieur.

QUE SIGNIFIE : « LES GARÇONS SONT VISUELS » ?

Voici la vérité :

Même les garçons sérieux qui ont une solide relation avec leur copine ont instinctivement envie de contempler tous les détails du corps d'une jolie fille et de fantasmer à ce propos. Ce spectacle est aussi tentant sur le moment que dans leurs souvenirs.

Cela a trois conséquences que, souvent, nous ne mesurons pas :

1. Une fille vêtue d'une façon qui souligne sa jolie silhouette attire irrésistiblement les regards masculins. Même si les garçons qui l'entourent essaient de ne pas la regarder, ils sont conscients de sa présence.

2. Même sans cela, tous les garçons ont en mémoire le souvenir d'autres « corps sublimes » qui leur reviennent subitement à l'esprit — ou qu'ils peuvent se rappeler à volonté.

3. Quand un garçon voit une fille vêtue de façon à attirer les regards masculins (ou qu'il se souvient d'elle) il est fortement tenté de l'imaginer nue — ou même nue dans ses bras.

Si tu fais partie des 25 pour cent de femmes qui ont aussi cette tendance, cela ne te surprendra pas, mais pour la plupart d'entre nous, cela reste un mystère — voire pire. Aussi devons-nous aborder la question en face.

Méme si c'est difficile à croire, nous devons admettre que ces pensées (qu'en général, les garçons gardent pour eux !) sont normales, même si elles ne sont pas bonnes.

PREMIER FAIT : LES GARÇONS NE PEUVENT PAS S'EMPÊCHER DE REGARDER LES JOLIES FILLES.

LES RÉSULTATS DU SONDAGE

Imagine que tu sois assis en classe, et qu'une nouvelle élève au corps de rêve s'installe à quelques bureaux devant toi. Quelle sera ra réaction ?

Je la dévore des yeux.	13%
J'ai envie de la mater et je lui jette des regards du coin de l'œil.	52%
Je ne peux pas m'empêcher de la regarder, mais j'essaie de me contrôler.	30%
Il ne se passe rien ; cela ne me touche pas.	4%

0% 50% 100%

Presque *tous* les garçons ont avoué qu'ils ne pouvaient pas s'empêcher de regarder une jolie fille. Seuls 4% ont affirmé que cela les laissait froids. Et lorsque ces garçons sortaient avec une autre fille, les résultats étaient semblables. Dans l'enquête RAF (*Réservé aux femmes*) consacrée aux hommes mariés, même ceux qui étaient heureux en ménage ont fait les mêmes réponses.

Beaucoup d'hommes ont expliqué la puissance de ce désir de regarder, même s'ils essayaient de *ne pas le faire* ou que la jolie fille en question s'en allait. Tout d'abord, lis ce qu'un homme a déclaré lors de l'enquête RAF :

> « Si je vois une belle femme entrer dans un supermarché, même si je ferme les yeux et que je me détourne jusqu'à ce qu'elle soit passée, je reste conscient qu'elle est dans les parages pendant la demi-heure qui suit. »

Les adolescents lui ont fait écho. Lis ce que nous ont confié ceux auxquels nous avons parlé :

- « Quand je sais qu'une "bombe" est assise non loin de moi en classe, une partie de mon cerveau reste conscient de sa présence en permanence. »
- « En classe, j'essaie de me concentrer, mais si je suis au cinéma ou à la plage, je n'arrête pas de mater les jolies filles. »
- « Je les regarde sans arrêt. C'est dans ma nature. Et pourtant, j'aime ma copine. »

Toutes les filles qui s'habillent de façon à mettre en valeur leur silhouette attirent les regards masculins. Et voyons les choses en face : ce n'est *pas* leur visage qui fascine les garçons. Quand une jolie fille est présente et qu'elle engage la conversation avec un garçon, il est tellement captivé par son corps qu'il est obligé de se répéter : « Regarde son visage, regarde son visage ! », car ses yeux ont envie de se poser ailleurs.

> Toutes les filles qui s'habillent de façon à mettre en valeur leur silhouette attirent les regards masculins.

Alors que se passe-t-il lorsqu'un garçon remarque une fille à la silhouette de rêve assise à côté de lui en classe et qu'il scrute les moindres détails de son anatomie ?

DEUXIÈME FAIT : LES GARÇONS ONT UNE COLLECTION MENTALE D'IMAGES SENSUELLES.

Nous avons toutes entendu dire que la moitié masculine de la population pensait beaucoup au sexe, mais nous n'avons peut-être pas saisi qu'en fait, ils n'y *pensent* pas vraiment : ils se le *représentent*, ils s'en font une image mentale. Et beaucoup de ces images correspondent à des filles qu'ils connaissent (une camarade de classe en short moulant, une autre en débardeur suggestif...) Ils peuvent aussi conserver intérieurement certaines images dont les médias et la culture actuelle les bombardent. Et n'importe laquelle de ces images peut surgir dans leur cerveau à tout moment, comme des fenêtres publicitaires intempestives apparaissent sur l'écran d'un ordinateur.

Tu te demandes peut-être de quel genre d'images il s'agit ? Apparemment, ce peut être le souvenir d'une expérience sexuelle antérieure, de la couverture d'un magazine « pour hommes » qu'ils ont vu chez le marchand de journaux, de la fille provocante qui a traversé le parking deux minutes avant ou de la vidéo porno qu'un copain leur a montrée deux ans plus tôt. Ces images surgissent souvent sans crier gare, parfois sans qu'un garçon le veuille, mais il peut aussi se remémorer des images précises. Comme l'ont dit plusieurs garçons, *« j'ai une quantité inépuisable d'images sexuelles en tête. »*

Notre conversation sur Tom Cruise

Shaunti : Même si nous entendons dire que ces images surgissent dans la tête des garçons, nous risquons de ne pas comprendre le processus. Pour ma part, c'était mon cas. Un jour, alors que je faisais des recherches pour *Réservé aux femmes*, mon mari Jeff et moi avons discuté de mes découvertes au cours d'un trajet en voiture. Jeff était *sûr* que je faisais moi-même des expériences de ce genre et il essayait de me le faire comprendre.

Jeff : Peut-être employons-nous juste un langage différent pour décrire ceci. Par exemple, pense à une star de cinéma que tu trouves très séduisante, comme Tom Cruise. Après avoir vu l'un de ses films, combien de fois son image surgit-elle devant tes yeux le lendemain ?

Shaunti : Jamais.

Jeff : Je ne me suis pas bien expliqué. Je répète : Combien de fois l'imagines-tu torse nu ?

Shaunti : Jamais.

Jeff : Jamais ? Tu es sûre ?

Shaunti : Absolument. Pas une seule fois.

Jeff : (Après un long moment de silence.) Ça alors !

C'est un vrai champ de mines…

Celles d'entre nous qui sont ainsi ont peine à imaginer que des images jaillissent à l'improviste dans la tête des garçons sans qu'ils puissent les contrôler. Nous ne réalisons peut-être pas non plus que notre culture saturée de sexe est un vrai champ de mines d'excitants et d'images dont les garçons peuvent se souvenir des années plus tard.

« J'ai une quantité inépuisable d'images sexuelles en tête. »

Pour employer un exemple banal, les publicités télévisées montrent souvent des flashs sensuels de deux secondes (comme une femme qui se déshabille) qui paraissent et disparaissent sur l'écran avant qu'un homme ait le temps de détourner les yeux. Il ne peut rien faire : *Boum*, cela s'ajoute à sa collection mentale, qu'il le veuille ou non !

Mais une fois que ces pensées sont là, selon les garçons, une image peut apparaître plusieurs fois par minute… et s'il n'y prennent pas garde, ils sont tentés de passer une demi-heure à la contempler ! Ils nous ont expliqué que s'ils ne rejetaient pas cette image immédiatement, il leur était encore plus difficile de s'en débarrasser. Cela nous amène au point suivant. Tu es prête à découvrir l'aspect le plus déroutant de la nature des garçons ?

TROISIÈME FAIT : LES GARÇONS SONT AUTOMATIQUEMENT TENTÉS DE NOURRIR DES FANTASMES SEXUELS SUR LE BEAU CORPS QU'ILS ONT VU.

Comme les propos ci-dessus te l'ont dévoilé, quand un garçon aperçoit une fille superbe ou que son image lui revient à l'esprit, il ne se la représente pas forcément telle qu'il la voit. À moins qu'il n'exerce sur lui un contrôle strict, il est automatiquement tenté de se la représenter entièrement nue — et beaucoup de garçons le font. Ils vont même jusqu'à s'imaginer dans ses bras.

Nous n'irons pas jusqu'à te livrer avec précision leurs fantasmes, mais nous sommes sûres que tu as une petite idée là-dessus. Et nous espérons que tu vas lire attentivement le reste de ce chapitre.

Ce que le sondage nous apprend

Nous avons posé une autre question aux jeunes gens qui ont fait partie de notre sondage national, à la suite de la précédente sur la jolie fille en classe.

Imagine à présent que cette même fille jolie fille aille devant la classe faire un exposé. Elle est concentrée sur son sujet, mais elle porte des vêtements qui mettent en valeur sa silhouette. Si tu n'y prends pas garde, est-il possible que tu te la représentes nue, maintenant ou plus tard ?

Oui, c'est presque sûr (du reste, même cette question du sondage risque de susciter des images dans ma tête).	39%
C'est possible.	46%
Non. Cela ne me viendrait jamais à l'esprit.	15%

0% 50% 100%

Au total, 85 pour cent des garçons ont admis la possibilité de se représenter une jolie fille nue, qu'ils soient jeunes ou vieux, érudits ou non et de n'importe quelle origine ethnique. Tous ont eu tendance à répondre de la même manière. La seule vraie différence est que les garçons qui allaient à l'église avaient un peu moins tendance à le faire — mais même parmi eux, le pourcentage atteignait 77 pourcent.

Même des adolescents qui étaient responsables de jeunes de leur assemblée ont avoué avoir eu les mêmes tentations. L'un d'eux nous a dit : « Quand nous voyons une jolie fille, dans les dix secondes qui suivent, notre imagination s'emballe, nous fantasmons et nous éprouvons de grandes difficultés à nous ressaisir. »

« Quand nous voyons une jolie fille, dans les dix secondes qui suivent, notre imagination s'emballe, nous fantasmons et nous éprouvons de grandes difficultés à nous ressaisir. »

EST-CE NORMAL ?

O. K., respirons à fond pendant une seconde. Certaines d'entre nous sont sous le choc, d'autres estiment qu'il n'y a pas de quoi faire un drame. De plus, si tu fais partie des 25 pour cent de filles pour qui le regard a une grande importance, tu comprends mieux que les autres les combats internes des garçons. Ne t'inquiète pas pour autant, tu es normale ! Mais il faut que le reste d'entre nous réalise que les garçons qu'elles aiment et en qui elles ont confiance sont normaux, eux aussi, s'ils sont en proie à ce genre de tentations. Qu'ils *agissent* ou non en fonction d'elles, l'enquête nationale portant sur des adultes et des adolescents a montré qu'ils étaient pratiquement tous tentés.

Peut-être es-tu choquée (ou même écœurée) en pensant que les garçons sont *tentés* de fantasmer à propos du corps des filles (même s'ils ne le font pas vraiment). Mais nous voudrions souligner deux points. Premièrement, si les vêtements des filles ne sont pas provocants, les garçons ne sont en général pas excités ! Et deuxièmement, on peut envisager ce sujet sous un angle différent. Dieu n'a pas seulement créé les garçons ainsi, mais il les a dotés d'une quantité de testostérone et de désirs sexuels — et souviens-toi que, selon lui, sa création est « bonne » ! Les sociologues attestent que cette nature réceptive aux stimuli visuels et pleine de désirs sexuels pousse les garçons à chercher une épouse, à se marier et à avoir des enfants. Certains déclarent que sans leurs grands besoins sexuels, les hommes ne penseraient qu'aux conquêtes, et qu'ils passeraient leur vie à chasser ou à se battre sans jamais développer de relation profonde avec une femme particulière.

Comme l'a expliqué un garçon, « la beauté et le charme des filles nous donnent envie d'exceller, de vouloir être plus intelligents, plus rapides et plus habiles en tout pour les impressionner. Souvenez-vous que tout ce que nous faisons a pour but de leur faire de l'effet. »

Cependant, les garçons ont insisté sur le fait que cette tentation ne disparaissait pas par magie une fois qu'ils avaient une petite amie. Elle est toujours là, et elle n'a rien à voir avec l'intensité de leurs sentiments pour leur copine.

> Nous devons réaliser que les garçons que nous aimons et en qui nous avons confiance sont normaux s'ils sont en proie à ce genre de tentations. C'est important !

IL Y A UNE DIFFÉRENCE ENTRE LA TENTATION ET LE PÉCHÉ

Pour bien comprendre ce que nous apprenons ici, établissons une distinction essentielle entre la tentation et le péché. Souvenons-nous que les tentations involontaires auxquelles nous sommes confrontés dans notre vie ne sont *pas* des péchés. (Le livre biblique des Hébreux affirme que Jésus a été tenté en toutes choses, comme nous le sommes nous-mêmes, sans commettre de péché.) L'essentiel est notre façon de réagir en face de ces tentations.

Nous sommes tous tentés au cours de notre vie, et à cause de leur nature, l'une des principales tentations des garçons (contre laquelle ils doivent lutter !) est leur désir de « mater » constamment les filles. Analysons maintenant comment cette tentation particulière atteint les garçons et comment ils doivent la surmonter.

Premier point : Tous les garçons ont, sans le vouloir, des images et des pensées sensuelles.

L'analyste Daniel Weiss nous a dit : « Je voudrais assurer aux femmes que les hommes ont vraiment ce genre de pensées, qu'ils le veuillent ou non. »

Un lycéen a expliqué : « J'ai toute une série de représentations mentales des jolies filles que je croise. Tout me revient en mémoire… tout. »

De plus, la tentation initiale d'un garçon est non seulement involontaire, mais automatique. Si le stimulus est là (une superbe silhouette vêtue de façon suggestive), la réaction l'est aussi. Comme un garçon l'a dit : « Je ne pense "Quelle silhouette de rêve !" que deux secondes après ! » La plupart des garçons ne peuvent pas empêcher ces pensées initiales de faire irruption.

Tu ne nous crois pas ? Voici un exemple.

Ne lis pas cela.

Nous sommes sérieuses ! Ne lis pas cette phrase. Regarde juste les lettres, mais sans lire les mots.

C'est impossible, n'est-ce pas ? Il est impossible de regarder les lettres sans lire les mots ! Eh bien, c'est ainsi que cela se passe chez les garçons. Leur cerveau lit « Quelle belle fille ! » sans qu'ils en aient conscience.

Un groupe de discussion a comparé cette situation à la puissante attirance exercée par un aimant :

« Je pense que les garçons et les filles séduisantes sont comme des aimants positifs et négatifs. Tant qu'une fille séduisante se tient physiquement à une certaine distance, elle peut passer inaperçue et ne pas exercer d'"attraction" sur lui. Mais si elle s'approche suffisamment pour que le garçon la voie, elle ressemble à un puissant aimant qui le captive totalement. Il a conscience de sa présence, et cela jusqu'à ce qu'elle soit hors de sa vue. Oh, il ne reste pas bouche bée, mais il sait qu'elle est là. »

Cela va à l'encontre de la supposition populaire selon laquelle tous les problèmes sont dus au fait que certains hommes ont « les yeux qui traînent ». Il serait plus juste de dire qu'il y a des femmes qui traînent… et que les hommes ne peuvent pas s'empêcher de les remarquer !

Au départ, les excitations masculines ne sont pas seulement fortuites, mais aussi automatiques.

Si tu éprouves des difficultés à croire à la nature involontaire de ce fait, plonge-toi dans le début du livre de Job. Dieu le décrit ainsi : « Il n'y a personne comme lui sur la terre ; c'est un homme intègre et droit, craignant Dieu, et se détournant du mal. » Et pourtant, lis ce que Job lui-même a dit : « J'avais fait un pacte avec mes yeux, et je n'aurais pas arrêté mes regards sur une vierge. »

Pourquoi Job avait-il besoin de prendre une telle précaution ? Le meilleur homme de la terre n'avait sûrement pas de problème de ce genre, n'est-ce pas ? Eh bien si. Job était un homme, et que cela nous plaise ou non, tous les hommes sont vulnérables dans ce domaine.

Deuxième point : Automatiquement, les hommes ont tendance à apprécier les sentiments qui sont associés à ces pensées et à ces images.

Si cette tentation est si irrésistible pour les garçons, c'est parce que ces images excitent de puissants sentiments en eux. Lorsqu'un garçon a une image sexuelle en tête (ou qu'une jolie fille entre dans son champ de vision), cela provoque en lui une montée d'adrénaline. À vrai dire, il s'agit presque d'une « bouffée » de plaisir sexuel.

Un homme a dit : « Quand une image se présente à l'esprit d'un homme ou qu'il contemple une femme séduisante, c'est excitant, si bien qu'il risque de prendre goût à ces montées d'adrénaline et de repasser ces images dans son esprit. »

Troisième point : Mais tous les garçons peuvent choisir soit de s'attarder sur ces images et ces pensées, soit de les écarter.

Le choix fait la distinction critique entre la tentation et le péché. Une fois les images inscrites dans le cerveau d'un garçon, il peut soit s'y attarder et se livrer à ses fantasmes, soit les écarter sur le champ et « amener toute pensée captive », comme le dit la Bible. Les garçons peuvent renoncer au plaisir que leur procurerait cette image afin d'honorer Dieu, leur copine ou leur pureté mentale — ce qui leur assurera un jour un plaisir accru.

Beaucoup de garçons auxquels nous avons parlé — surtout de ceux qui se rendaient régulièrement à l'église — ont paru prendre ce choix extrêmement au sérieux. Ils ont adopté des mesures radicales pour éviter les stimuli visuels indésirables, se détourner de ceux qui survenaient et — quand des images sensuelles surgissaient inopinément dans leur esprit — s'en débarrasser en se distrayant de toutes sortes de manières. Ils nous ont appris que la récitation mentale des scores de leur équipe de football favorite ou des caractéristiques techniques de leurs voitures préférées les aidaient beaucoup !

Voici ce qu'un garçon a expliqué :

> « Quand je vois une fille en minijupe et que j'ai envie de contempler ses jambes (et ses fesses, je l'avoue), je dois me *forcer* à détourner les yeux et à obliger ma tête à se diriger dans une autre direction, parce que sinon, je serai fasciné par le spectacle. Et ensuite, si son image réapparaît dans ma tête, je me dis : "Arrête ! N'y pense pas pour l'instant !" et je la repousse. Je me mets à penser aux voitures, aux maths, aux sports... à tout ce qui peut me détourner du souvenir de ce corps. »

Les garçons réalisent aussi que ce choix est un moyen de respecter les filles qui les entourent. Comme l'un d'eux l'a exprimé, « imaginer nue une fille que je connais est désobligeant pour elle. Je préfère découvrir qui elle est intérieurement ! »

Un adolescent appartenant au groupe de jeunes d'une église a fait une déclaration qui résume la pensée d'une *quantité* de garçons : « Tout au long de la journée, je dois me répéter sans arrêt de ne pas ouvrir la porte. Sans quoi, c'est une pente glissante. »

Honnêtement, cela semble fatigant, qu'en pensez-vous ? Aussi, bien que peu de garçons puissent empêcher une image involontaire d'apparaître dans leur tête, et que rares soient ceux qui puissent *ne pas avoir envie* de la regarder, tous peuvent s'empêcher de le faire réellement, et beaucoup y parviennent.

« Tout au long de la journée, je dois me répéter sans arrêt de ne pas ouvrir la porte. Sans quoi, c'est une pente glissante. »

Nous devons absolument comprendre à quel point ce choix requiert de force et de discipline. Il faut que nous sachions ce que les garçons endurent tous les jours dans le champ de mines de notre culture afin de ne pas leur compliquer davantage la tâche. Cela nous incite à nous demander comment nous pouvons faire preuve de compassion face au combat que les garçons doivent mener.

QUE DOIVENT FAIRE LES FILLES ?

En réfléchissant à ce qu'implique ce que tu viens de lire, nous allons te demander de faire trois choses : essaie de te mettre à la place des garçons, examine ton cœur et effectue les changements nécessaires.

Mets-toi à la place des garçons

Cesse de raisonner comme une fille pendant quelques instants pour te mettre à la place des garçons. Que doit-on éprouver avec cette tentation suspendue en permanence au-dessus de sa tête — une tentation qui peut surgir à chaque instant sans qu'on l'ait voulue ? Quelle hantise on doit avoir de déshonorer les filles qu'on connaît… ou, pire encore, de déshonorer Dieu !

Dans une interview, un garçon nous a donné un excellent exemple destiné à aider les filles à « saisir le message » :

> « Les filles doivent savoir ce qu'elles font endurer aux garçons lorsqu'elles les tentent visuellement. Pour elles, l'équivalent pourrait être leur réaction quand on les touche. Qu'éprouveriez-vous si les garçons pouvaient venir vous toucher toute la journée chaque fois qu'ils en ont envie ? Combien d'entre vos parviendraient à se concentrer en classe ? Eh bien, quand vous vous habillez d'une façon qui révèle vos formes, c'est ce que vous leur

faites subir. Vous les stimulez visuellement, tout comme vous seriez vous-même stimulées par des attouchements incessants. »

Après avoir lu *Réservé aux femmes*, un professeur nous a envoyé un courriel pour nous dire qu'elle aidait ses élèves de sexe féminin à comprendre que cette tentation masculine involontaire existe bel et bien, et à quoi elle ressemble.

À : Shaunti Feldhahn
De :
Sujet : Ce que j'ai fait avec mes élèves.

Plusieurs filles sont venues me trouver, exaspérées par le code vestimentaire du lycée. Elles m'ont déclaré : « Vous êtes un prof cool. Nous sommes prêtes à parier que si vous étiez directrice, vous ne nous imposeriez pas de code vestimentaire ! » J'ai répondu du tac au tac : « Oh si, je le ferais ! » J'ai essayé de leur expliquer l'effet que leurs vêtements produisaient sur les garçons de leur classe, mais elles se sont mises à critiquer les garçons, sous prétexte qu'ils étaient des pervers qui n'auraient pas dû les regarder ! Ce soir-là, Dieu m'a donné une idée lumineuse pour le lendemain.

En cours, j'ai placé les garçons dans une pièce séparée, puis j'ai mis un énorme sac de friandises alléchantes sur un meuble, à portée de vue de toutes les filles. Elles étaient très excitées à l'idée de recevoir ces bonnes choses. Je leur ai ordonné de ne pas regarder le sac de sucreries, sous peine d'être punies. Je leur ai dit : « Ne regardez pas ces bonbons, n'en parlez pas et surtout, ne rêvez pas d'en avoir. » Je suis partie travailler avec les garçons pendant que ma pauvre assistante était chargée de s'occuper des filles.

Quand je suis revenue, toutes les filles avaient dressé leur classeur entre elles et les friandises, et beaucoup avaient récolté une quantité de punitions.

J'ai demandé : « Combien d'entre vous ont éprouvé des difficultés à ne pas regarder les bonbons ? Combien d'entre vous ont eu envie d'y goûter ? » Elles ont toutes levé la main. Je leur ai alors rappelé notre conversation de la veille. J'ai vu qu'elles commençaient à comprendre. Je leur ai dit qu'en dévoilant leur seins ou leurs cuisses, elles disaient, en quelque sorte : « Venez chercher un bonbon. » C'est ce qu'elles faisaient subir aux garçons chaque fois qu'elles portaient des tenues sexy ! Et j'ai expliqué que même les garçons les plus sérieux devaient lutter pour ne pas les regarder.

Oui, même à l'église...

Il serait évidemment souhaitable qu'à l'église, les garçons soient moins tentés qu'ailleurs, mais ce n'est pas le cas. Plusieurs garçons engagés dans l'équipe de louange de leur assemblée ont expliqué que la manière dont les filles s'habillaient à l'église — donc la tentation — était tout aussi malsaine que dans leur établissement scolaire laxiste. Lis les remarques suivantes :

- « Il est difficile de se consacrer à la louange quand il y a une fille en minijupe au troisième rang. Il faut que je ferme les yeux pour ne pas me laisser distraire. Les gens pensent que j'adore le Seigneur, alors qu'au fond de moi, le combat fait rage. »
- « Quand je dirige la louange, les filles me perturbent à tel point que je préfère fermer les yeux. Le pasteur d'une église a dû faire changer de place une fille à cause de la façon dont elle était vêtue. Il a dit : "Que quelqu'un place cette fille ailleurs qu'au premier rang." »

> Même les garçons les plus sérieux doivent lutter pour ne pas regarder.

« "Mignon" n'est pas le terme qui convient... »

L'un des principaux problèmes de la plupart des filles est qu'elles ne réalisent pas que leurs vêtements risquent de pousser à mal les garçons. Beaucoup pensent qu'une tenue est « mignonne »... alors que les garçons ne voient pas du tout les choses ainsi.

Plusieurs garçons de notre groupe de discussion nous ont raconté qu'un jour, en traversant le hall du lycée, ils avaient vu une jolie fille dans une tenue extrêmement provocante, ce qui avait fait naître en eux des réactions indésirables. Puis, un moment plus tard, une autre fille rejoignait la première et lui disait : « Comme tes vêtements sont mignons ! » Comme nous l'a rapporté un garçon scandalisé, « comment une fille peut-elle appeler ça *mignon ?* »

Un autre garçon a renchéri : « Dans ce cas, "'mignon" n'est pas le terme qui convient... »

Beaucoup pensent qu'une tenue est « mignonne »... alors que les garçons ne voient pas du tout les choses ainsi.

Les garçons pensent que les filles savent exactement ce qu'elles font

Nous ne comprenons peut-être pas quel effet nous faisons aux garçons qui nous entourent, mais ceux-ci estiment que c'est pratiquement impossible à croire. Presque tous nous ont déclaré : « Oh, elles savent à quel jeu elles jouent ! » Autrement dit, si tu t'habilles avec des vêtements moulants ou suggestifs, ils croient que tu *veux* qu'ils t'imaginent nue.

Si tu es comme la plupart des adolescentes, tu as dû remarquer que les garçons attardaient leurs regards sur toi lorsque tu étais vêtue d'une certaine façon… mais comme tu ne savais pas ce qu'ils avaient en tête, tu ne t'en es pas souciée. Au contraire, tu t'es réjouie de capter leur attention ! Cependant, lorsque les filles voient que, selon les statistiques, des vêtements sexy incitent les garçons à se les représenter nues, cela les met mal à l'aise. Voici ce que Sarah, la fille de Lisa, a déclaré à ce sujet :

> « J'aurais dû le savoir, car les garçons n'arrêtent pas de plaisanter à ce sujet. Ils disent, par exemple : "Tu sais, ma puce, j'aimerais te voir sans ton pull. Tu excites mon imagination !" Mais malgré les regards appuyés et les blagues des garçons, les filles ne réfléchissent pas tellement à ce sujet. Honnêtement, je dirais que seules vingt pour cent des filles de ma classe se doutent que les garçons se les représentent nues. Elles ne s'habillent pas en vêtements sexy pour les pousser à avoir de mauvaises pensées, mais parce qu'elles sont ravies d'attirer l'attention — même si, inconsciemment, elles savent qu'il s'agit d'une attention malsaine. Elles se sentent attirantes, et c'est un sentiment agréable. »

> Si tu portes des vêtements moulants ou suggestifs, ils pensent que tu veux qu'ils t'imaginent nue.

Examine ton cœur

Maintenant que tu t'es mise à la place des garçons, examine-toi toi-même. Que penses-tu de tout cela ? Es-tu intéressée ou peut-être, en proie aux remords et décidée à te remettre en question ? Ou es-tu sceptique et ne crois-tu pas à ce que tu viens de lire ? À moins que tu sois irritée et pleine de rancune… Te dis-tu : « C'est leur problème… Je ne vois pas pourquoi je devrais changer parce que les garçons sont incapables de se maîtriser ! »

Lisa : Je dois avouer que j'ai été prise en faute sur ce point. Au début de mon adolescence, un garçon de l'église est venu me poser la question : « Comment réagirais-tu si quelqu'un te disait que tes jupes sont trop courtes et donnent de mauvaises pensées à certains garçons ? » Comme j'étais très immature, j'ai répondu : « Je dirais que ma façon de m'habiller ne regarde que moi. »

En me remémorant cela aujourd'hui, je pense : *« Pardonne-moi, Seigneur ! »* Ce pauvre garçon a eu le courage de venir m'exposer un sujet important, mais j'ai été trop aveugle et immature pour l'écouter ou pour effectuer des changements personnels. Les filles, que ma stupidité vous serve de leçon, et que ce pénible souvenir vous soit utile !

Si tu as déjà pensé : « *Ma façon de m'habiller ne regarde que moi* » ou « *C'est le problème des garçons, à eux de le résoudre !* », saisis qu'en réalité, tu dis : « *Je veux faire ce qui me plaît, même si je blesse les autres.* »

Nous sommes convaincues que la plupart d'entre vous ne veulent pas vraiment nuire aux garçons qui les entourent. Si tu te rends compte que c'est ce que tu as fait, confesse-le au Seigneur, demande-lui pardon et décide dorénavant d'honorer les garçons que tu connais.

Es-tu interessée ou peut-être, en proie aux remords et décidée à te remettre en question ?

Considère les codes vestimentaires comme une bénédiction

Si tu as bien compris le problème, tu seras en mesure d'apprécier certaines restrictions comme les codes vestimentaires de l'école ou les « rappels à l'ordre » de tes parents à ce sujet qui t'ennuyaient jusqu'à présent. Beaucoup d'entre nous se sont imaginé que les histoires de « pudeur » étaient des règles démodées destinées à les protéger, mais surtout à les empêcher de s'amuser, mais tu sais à présent que ce sont avant tout les garçons qu'elles préservent.

Une fois que nous comprenons à quel point certaines tenues peuvent exciter l'imagination des garçons, la plupart d'entre nous préfèrent se fixer des limites ! Et nous en arrivons au point suivant :

Effectue les changements nécessaires

Reconnaissons-le, les filles qui ne réalisent pas l'ampleur du problème sont aussi celles qui y contribuent. Après tout, la collection mentale d'images des garçons provient bien de *quelque part*... et pas seulement des couvertures des magazines. Les filles qui attirent les regards masculins dans la rue ont choisi leur tenue ! Mais tu sais bien qu'il n'est pas facile de s'habiller décemment de nos jours si on veut être à la mode (sauf en plein hiver). Tes boutiques préférées sont probablement remplies de vêtements provocants — ou de pantalons extra larges peu flatteurs.

Bon nombre de filles nous ont dit qu'elles voulaient s'habiller décemment, mais qu'elles ne parvenaient pas à trouver des vêtements corrects et actuels. Toutefois, plusieurs ont admis qu'avec un peu d'ingéniosité, on pouvait être décente et attrayante. Comme l'a déclaré l'une d'elles, « nous savons quoi faire si nous le voulons vraiment. Nous pouvons mettre un chemisier supplémentaire, renoncer à nos minijupes... faire quelques changements. Nous voulons toujours être à notre avantage, mais à moins d'avoir été élevées par des loups en plein désert, nous savons quand nous devenons provocantes. »

Ce domaine est si important que nous avons mené quelques recherches supplémentaires pour te livrer d'autres informations à ce sujet. Nous nous sommes adressées à Vicki Courtney, auteur de livres et d'articles traitant des principaux problèmes auxquels sont confrontés les filles ainsi que d'un magazine en ligne, virtuousreality.com (en anglais). Son association propose aussi aux filles une rencontre amusante et instructive qui comporte un défilé de mode exposant des vêtements seyants *et* décents.

CONSULTE UNE EXPERTE : Vicki Courtney, auteur de *Teen Virtue : A Teen Girl's Survival Guide (La vertu chez les adolescentes : guide de survie pour les filles)* et éditrice en chef de virtuousreality.com

Conseils pratiques pour être jolie sans être sexy

Tes vêtements sont comme une étiquette qui révèle au monde qui tu es intérieurement. Le problème est que certaines étiquettes délivrent un mauvais message sur une fille. Ils risquent de mal représenter celle que tu es vraiment.

Par exemple, nous avons demandé à des garçons de ton âge de faire des commentaires sur des filles qui se promenaient dans un centre commercial. Une fille portait un petit top qui laissait apparaître son ventre, et les garçons ont déclaré : « Elle nous lance une invitation. Elle nous dit : “Viens me chercher.” »

Cette fille disait-elle vraiment cela, ou voulait-elle simplement être mignonne et à la mode pour passer sa journée au centre commercial ? Il faut que nous prenions conscience du message que nous adressons aux autres. Tu peux être mignonne et branchée sans adresser de messages indésirables !

Le défilé de mode que nous organisons lors de notre rencontre expose de jolis vêtements qu'on trouve dans les principaux magazines actuels pour les jeunes. Ensuite, une adolescente défile avec ces vêtements, qui ont été modifiés pour les rendre plus décents. Voici quelques idées :

- Beaucoup de hauts, actuellement, sont si minuscules qu'ils pourraient convenir à mon petit Yorkshire de trois kilos. Tu peux en choisir qui ne soient pas trop moulants et mettre, en dessous, un tee-shirt qui descend jusqu'à la taille de ton jean.

- On peut facilement passer par-dessus les petits tops à bretelles spaghetti un joli blouson ou une petite veste. Les bretelles de soutien-gorge apparentes sont vulgaires et provocantes.

- Méfie-toi des décolletés plongeants. Crois-moi, si tu dévoiles une partie de tes seins, les garçons éprouveront des difficultés à te regarder droit dans les yeux !

- Abstiens-toi de porter un jean si serré qu'on voit le contenu de tes poches de derrière.
- Les jeans taille basse ne posent aucun problème tant que tu portes un chemisier ou un tee-shirt assez long pour te couvrir la taille. Mets-toi devant un miroir, lève les bras et vérifie que tu restes couverte. Assure-toi aussi de ne pas montrer le bas de ton dos quand tu t'assieds.
- Abstiens-toi de porter des jupes ou des shorts de la taille d'un mouchoir de poche. Si tu fais tomber quelque chose par terre et que tu es dans cette tenue, il te sera presque impossible de le ramasser sans te donner en spectacle !

Inspecte ton armoire, regarde-toi dans la glace avec tes vêtements et demande-toi si tes tenues sont décentes ou provocantes. Donnes-tu de toi l'image d'une jeune fille pure ou d'une séductrice qui tente d'attirer les garçons ?

Une fois que tu sauras comment les garçons te voient et quel message tu leur transmets, le Saint-Esprit te convaincra du bien-fondé de tes choix. Certes, il te sera plus difficile de trouver des vêtements décents, mais si tu le fais, tu verras que tu auras davantage de dignité… et que lorsqu'un garçon s'intéressera à toi, ce sera pour de bonnes raisons !

Souviens-toi qu'un jour, tu te marieras sans doute, ce qui signifie que ton futur mari est assis quelque part dans une classe et qu'il essaie de surmonter les tentations que suscitent en lui des filles aguichantes. Et aussi que ton voisin de classe, qui est perturbé par ta tenue, sera marié à quelqu'un d'autre dans quelques années.

De nouveau, suivons la Règle d'or, qui nous prescrit de ne pas faire aux autres ce que nous ne voudrions pas qu'on nous inflige à nous-mêmes. Traite les garçons que tu connais comme tu voudrais que les filles de la classe de ton futur mari le traitent ! Nous savons que Dieu veillera à ce que tous tes bons choix portent du fruit. Il récompense toujours les cœurs qui veulent rester droits.

Dans le prochain chapitre, nous verrons une conséquence tout à fait différente du fait que les garçons sont captivés par ce qu'ils voient. Mais pour l'instant, nous allons conclure ce chapitre par une citation d'un étudiant que nous avons interviewé : « Au lieu d'adresser des recommandations aux filles, je préfère leur dire : "Comprenez votre identité". Vous êtes de précieuses créatures de Dieu avec un magnifique avenir devant vous. Comprenez vers quoi vous vous en allez, sans quoi vous dépendrez toujours des garçons pour vous satisfaire. Cessez de gober les mensonges des médias sur la façon de vous habiller et d'agir, et ne craignez pas de vous démarquer de la masse. »

Chapitre 6

VOIR LA BEAUTÉ INTÉRIEURE ET EXTÉRIEURE

Pourquoi les garçons aiment que tu prennes soin de ton apparence, même s'ils cherchent à découvrir ton être intérieur.

Les garçons sont attirés vers les filles qui ont une personnalité attachante aussi bien que vers celles qui sont belles intérieurement et extérieurement, et qui ont de l'assurance. Ils veulent une vraie fille, et non une parfaite poupée Barbie. Mais ils ne peuvent pas se forcer à éprouver une attirance physique envers quelqu'un qui ne leur plaît pas.

S'il vous plaît, lisez ce chapitre tout en priant.

Dans le film *Shallow Hal,* Hal est un fêtard qui collectionne les conquêtes et les aventures sans lendemain. Soudain, il est comme hypnotisé, et il ne voit plus que la beauté intérieure des femmes de sa connaissance. La plupart des filles aguicheuses ne présentent plus le moindre attrait à ses yeux, mais il recherche des filles gentilles, douces, affectueuses, généreuses et altruistes, même si elles sont peu attirantes ou en surpoids. À la fin, il s'éloigne en voiture dans le soleil couchant avec une fille obèse parce qu'il s'est épris de son cœur.

Dans nos groupes de discussion, nous avons demandé aux garçons si ce film était tant soit peu réaliste et si son message (« Tout dépend du cœur ») était vraisemblable.

Nous avons appris un point intéressant : c'est une question de cœur, mais *tout* ne dépend pas du cœur.

En fait, les garçons préfèrent une fille qui a une personnalité attachante à une superbe créature acariâtre. Toutefois, même si les garçons veulent s'intéresser au cœur d'une fille, il faut aussi qu'ils soient attirés par elle physiquement. Comme nous l'avons dit au chapitre précédent, ce n'est pas une raison pour porter des vêtements moulants qui excitent leur convoitise. Il faut seulement que les garçons voient que tu prends soin de ton apparence.

Même si les garçons veulent s'intéresser au cœur d'une fille, il faut aussi qu'ils soient attirés par elle physiquement.

En fait, les garçons considèrent les efforts que fait une fille pour entretenir son aspect physique comme un premier indice de sa personnalité cachée. Par exemple, les vêtements indécents ou le surpoids prouvent souvent qu'une fille est mal dans sa peau, et cela empêche les garçons de penser à elle autrement que comme à une amie. Ils ne se voient pas s'éloigner dans le soleil couchant avec une fille bourrée de complexes.

Nous allons étudier ce sujet plus en détail dans quelques instants, mais avant tout, laisse-nous te regarder droit dans les yeux (en quelque sorte) pour nous assurer que tu comprends bien ce que nous ne *sommes pas en train de te dire.*

Voici ce que *nous ne voulons pas dire*

Comme nous allons parler du poids et d'autres aspects de l'apparence physique des filles, nous nous sommes longuement demandé si nous devions *écrire* ce chapitre. Presque toutes les femmes sont complexées par leur physique et ont tendance à s'en rendre malades. Les médias nous répètent sans cesse que nous devrions toutes ressembler à Jessica Alba (dans son justaucorps moulant des *4 Fantastiques* !), et nous pensons qu'autrement, nous n'intéresserons jamais aucun garçon. (Ce qui, comme nous allons te l'expliquer, est tout à fait faux.)

Quand ce chapitre parle de prendre soin de soi-même, il s'agit simplement de notre poids, de notre forme physique et des aspects de notre apparence que nous pouvons améliorer *d'une façon saine.*

Répétons-le, *tout ce que nous disons dans ce chapitre,* toutes les citations des garçons et toutes les recommandations que nous faisons ne concernent *que* le poids, la forme physique et ce que les filles peuvent améliorer de manière saine. Si tu es tentée de t'affamer, de te purger ou de faire d'autres choses malsaines, tu nous as mal comprises — et nous t'encourageons à en parler dès maintenant à un adulte sage et avisé.

Il s'agit simplement de notre poids, de notre forme physique et des aspects de notre apparence que nous pouvons améliorer d'une façon saine.

Lisa : Un peu plus loin dans ce chapitre, nous distinguerons les façons saines d'aborder le sujet et celles qui ne le sont pas. Je te raconterai comment j'ai dû lutter contre ma mauvaise image de moi et contre mes troubles du comportement alimentaire. De plus, une experte nous donnera son point de vue. Mais tout d'abord, voyons ce que les garçons ont à dire.

CE QUI COMPTE BEAUCOUP POUR UN GARÇON — ET CE QUI N'A PAS D'IMPORTANCE

Des adolescents nous ont livré cinq points qui comptaient beaucoup pour eux (ou qui n'avaient pas d'importance).

Pour commencer, voici une réalité très encourageante : nous avons été surprises de constater que les garçons réfutaient l'idée très répandue qu'ils ne s'intéressaient qu'à des filles superbes.

Premier point : les garçons aiment (et tombent amoureux de) toutes sortes de filles.

Les garçons s'éprennent-ils vraiment de filles qui ont une forte personnalité, mais un physique quelconque, ou veulent-ils à tout prix une fille « canon » ?

LES RÉSULTATS DU SONDAGE

La télé et les magazines mettent en valeur un certain type de filles que tout le monde trouve superbes. Malgré cette idée reçue, te sens-tu attiré par d'autres types de filles, comme celles-ci :

- la voisine mignonne, mais simple.
- l'athlète fantastique au physique banal.
- la bonne copine qui n'a aucun ennemi.
- la fille rondelette qui a un grand sens de l'humour.

a. Non. Je ne suis attiré que par les filles superbes des couvertures de magazines.	11%
b. Oui. Je suis attiré par divers types de filles.	**89%**

0% 50% 100%

Neuf garçons sur dix ont affirmé qu'ils étaient attirés par différents types de filles ! Seule une petite minorité a opté pour les filles à la silhouette de rêve qui figurent en couverture des magazines. Et presque cent pour cent des garçons qui vont à l'église ont confirmé qu'ils voulaient de vraies filles vivant dans le monde réel.

C'est exactement ce que nous ont dit les garçons que nous avons interrogés dans les rues.

Tous nous ont affirmé qu'ils ne cherchaient pas une fille qui ressemble à une vedette de la télévision ou à une star de cinéma. Au contraire, la plupart ont critiqué les filles qui s'efforçaient d'atteindre un tel but. Ils savaient à quel point elles sont exigeantes vis-à-vis d'elles-mêmes, et ils nous ont répété qu'elles n'ont pas besoin d'atteindre la perfection.

Un garçon a parfaitement résumé la situation : « Les filles devraient jeter leurs magazines et éteindre la télé. C'est irréaliste, et ce n'est pas ce que veulent les garçons. »

Un autre a fait cette remarque : « Pour moi, les filles trop maigres ne sont pas attirantes. Je n'ai pas envie de sortir avec une brindille fragile. »

Un troisième a ajouté : « Je ne sais pas pourquoi les filles se font des idées de ce genre à notre sujet. Les garçons ne cherchent pas une poupée parfaite en bikini. Ce que nous aimons, ce sont les vraies filles, celles que nous croisons tous les jours. »

Les garçons nous ont répété sans arrêt qu'ils ne se formalisaient pas des défauts ou des particularités physiques qui nous préoccupent tant. En fait, ils veulent des filles normales, comme les autres, qui soient épanouies et qui cessent de s'inquiéter en permanence de leur aspect physique !

À part le traditionnel « physique de rêve », les garçons sont attirés par divers genres de filles.

Une fille qui a de la personnalité et qui est intelligente est séduisante.

La plupart des garçons nous ont déclaré qu'ils appréciaient beaucoup les filles avec lesquelles ils avaient des conversations intéressantes. De plus, la majorité n'aime pas les créatures de rêve qui ont une cervelle d'oiseau et un mauvais caractère. Écoute ce commentaire : « Des tas de filles superbes sont d'une bêtise insupportable. Les filles ne doivent pas seulement s'occuper de leur aspect physique, mais aussi de leur intellect et de leur personnalité. Il est bon de pouvoir discuter intelligemment avec elle. »

La gentille voisine est séduisante.

Les garçons ont aussi répété qu'ils souhaitaient sortir avec leur « voisine de palier » si elle était gentille, accessible et si elle faisait preuve d'équilibre entre la beauté extérieure et la beauté intérieure.

- « Les filles ordinaires sont plus belles, d'après moi, parce qu'elles sont plus réelles et plus accessibles. Je ne sais pas comment m'expliquer… C'est comme si "ma voisine" était quelqu'un avec qui je peux avoir une conversation… alors que les inconnues sont inabordables. »

- « Si je cherche une fille “canon”, je suis sûr qu’elle n’acceptera jamais de faire une partie de basket avec moi. Mais la “fille d’à côté”, elle, le fera, et c’est avec elle que je veux passer du temps. »
- « La modestie est attrayante. Cette fille est un mystère, et c’est ce qui la rend séduisante. »
- « Je veux quelqu’un de modeste, d’innocent, de bon. »
- « Je suis attiré par les vraies filles… qui sont drôles, qui rient beaucoup et qui sont faciles à vivre. »

Les filles pieuses sont séduisantes

Dans notre groupe de discussion — et dans l’enquête nationale — beaucoup de garçons ont exprimé le désir d’avoir une copine chrétienne. Voici leurs commentaires :

- « Voir un amour passionné pour Dieu est vraiment attirant. »
- « Je veux sortir avec une fille qui, spirituellement, est à mon niveau, qui va dans la même direction que moi. »
- « Parfois, je regarde une fille et j’essaie de me la représenter en train de faire ce que je rêve d’accomplir un jour… Comme passer du temps sur un champ missionnaire, travailler dans un orphelinat… Si cela me semble impossible, je ne sortirai pas avec elle. »

Si la Bible parle de la « beauté » d'un esprit doux et paisible, ce n'est pas sans raison. Pour les garçons, cette mentalité est *attrayante*.

> « La modestie est attrayante. Cette fille est un mystère, et c'est ce qui la rend séduisante. »

Deuxième point : Pour sortir avec une fille, il faut que les garçons soient attirés physiquement par elle.

Cela dit, presque tous les garçons que nous avons interrogés ont aussi insisté sur le fait que pour qu'ils désirent sortir avec une fille, il faut qu'ils soient attirés physiquement par elle, même s'ils n'ont pas l'intention d'avoir des relations sexuelles avant le mariage. L'attrait physique n'est pas le facteur essentiel, mais il doit être présent pour qu'ils envisagent de sortir avec une fille autrement qu'en amis.

Comme l'a dit un garçon, « nous devons être séduits par l'apparence extérieure d'une fille avant d'envisager d'aller plus loin avec elle. Même si elle a une personnalité géniale, si elle ne prend pas soin d'elle-même, elle ne sera jamais plus qu'une amie pour nous. Pour entamer une relation, nous devons être attirés physiquement par elle. »

LES RÉSULTATS DU SONDAGE

Si de multiples facteurs peuvent te plaire chez une fille, l'attirance physique est-elle essentielle pour que tu aies une relation sérieuse et durable avec elle ?

Oui. Même si une fille a une personnalité formidable, sans attirance physique, elle ne sera jamais plus qu'une amie.	75%
Non. Je peux me passer de l'attrait physique.	25%

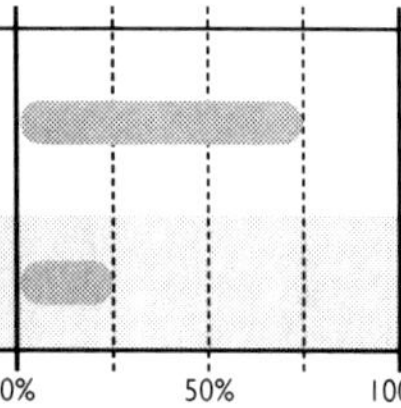

Beaucoup de lectrices de ce livre seront ravies de constater que 25 pour cent des garçons interrogés ont affirmé que l'attrait physique *n'est pas* nécessaire dans une relation, mas nous avons aussi remarqué que plus les garçons étaient âgés, plus ils étaient nombreux à soutenir que l'attrait physique est important. Aussi allons-nous parler des sentiments de la majorité et du premier point de « l'attrait physique » qu'ils ont cité.

> Pour entamer une relation, nous devons être attirés physiquement par elle.

Ils veulent une fille qui n'ait pas un poids excessif.

Comme on pouvait s'y attendre, parmi tous les points physiques abordés par les garçons, c'est le poids qui est revenu le plus souvent. La plupart des garçons considèrent le surpoids comme un obstacle qui les empêche d'être attirés physiquement par une fille, même si, par ailleurs, elle est jolie et sympathique. À leurs yeux, cela signifie qu'elle se sent mal dans sa peau. Nous reviendrons sur ce point dans un moment.

Un garçon a reconnu : « Je n'arriverais pas à sortir avec une fille trop forte. Ça paraît peut-être superficiel, mais c'est ainsi. »

Un ado nous a livré cet exemple :

> « Hum, il y a une fille, dans mon groupe de jeunes, qui serait attirante si elle n'était pas un peu trop grosse et qu'elle ne portait pas l'un de ces tee-shirts qui sont à la mode actuellement et qui sont trop courts pour atteindre les jeans. Comme elle est rondelette, elle serait beaucoup plus séduisante si elle ne montrait pas le bourrelet qu'elle a à la taille. Elle s'habille tout le temps comme ça ces temps-ci et cela ne me plaît pas du tout. »

Cependant, nous devons admettre qu'il y a eu quelques exceptions cocasses à cette règle. Un lycéen a avoué qu'il aimait les filles bien en chair.

« Je dois dire que j'aime les rondes. Pas les rondes qui sont laides, bien sûr, mais si elles sont jolies, amenez-les moi ! Dites aux belles filles plantureuses de me téléphoner ! Je m'appelle Michael Cooke… Cooke avec un e. Mon numéro est le 463… »

Pourquoi les garçons ne s'intéressent-ils pas qu'à l'esprit des filles ?

Mis à part les « Michael Cooke » de ce monde, beaucoup de femmes déplorent la grande importance que la plupart des hommes attachent à l'apparence, et elles estiment que cela ne devrait pas entrer en ligne de compte. *Réservé aux femmes* a aussi consacré un chapitre à ce sujet, et dans un courriel, une femme a expliqué que cela la décevait.

Elle a avoué qu'elle était obèse, mais elle a ajouté : « S'il vous plaît, priez pour que je trouve un homme qui passe au-dessus de cela et qui ne s'intéresse pas autant à l'apparence. »

Ce message nous a attristées, car cette femme se méprenait totalement. Elle croyait à tort que si un homme est spirituel, ses cinq sens ne jouent plus un grand rôle dans sa vie. Notre enquête — et les autres — prouve que ce vœu pieux n'est pas réaliste. En fait, Dieu a fait en sorte que les hommes soient attirés par la beauté intérieure *et* extérieure.

Si la culture générale insiste trop sur l'apparence physique, l'église semble avoir pris le contre-pied d'une façon excessive. Dans les cercles chrétiens, l'importance de l'attrait physique est devenu un sujet tabou. « Dieu ne regarde pas à l'apparence, mais au cœur », disons-nous, en espérant que les garçons chrétiens en feront autant.

Comme nous savons que « c'est l'intérieur qui compte », nous nous figurons que l'extérieur n'a pas d'importance.

Mais c'est faux ! Et si nous ignorons cette évidence, les garçons s'imaginent que nous avons une piètre opinion de nous-mêmes, ce qui les rebute.

> Dieu a fait en sorte que les hommes soient attirés par la beauté intérieure et extérieure.

Troisième point : les efforts changent tout.

Tout comme les garçons sont attirés par différents types de filles, ils peuvent l'être par celles *qui font un effort pour prendre soin d'elles.* Qu'il s'agisse de petits détails comme de s'habiller avec goût ou de bien se coiffer ou de gros efforts comme de se nourrir sainement et de mincir, cela change totalement le regard que les garçons portent aux filles.

LES RÉSULTATS DU SONDAGE

Suppose que tu connaisses une fille qui a une personnalité attachante, mais vers laquelle tu n'as pas été attiré auparavant parce qu'elle avait quelques kilos en trop et qu'elle ne semblait pas se soucier de son apparence. Si tu voyais que cette fille a fait un effort soutenu pour se nourrir correctement et retrouver la ligne, pourrais-tu être attiré par elle ensuite ?

Oui.	85%
Non.	15%

0% 50% 100%

Voici les remarques de certains garçons à ce sujet :

- « Si elle se met en valeur, se maquille et essaie d'être plus attirante, cela fera une grande différence. Ça pourra marcher. »
- « Je connais une fille qui, après quelques efforts et peut-être, l'aide de ses copines, pourrait être très mignonne. »
- « J'ai aidé ma copine à s'arranger, et réciproquement. Nous faisons chacun des efforts pour l'autre, parce que ça compte. »
- « Il faut soigner son apparence, mais sans excès. Je préfère passer du temps avec ma copine qu'attendre pendant deux heures qu'elle ait fini de se coiffer ! Cela dit, je suis content qu'elle fasse des efforts pour moi. »

D'accord, ces garçons qui sont attirés par ce qu'ils voient le remarquent et apprécient nos efforts pour améliorer notre apparence.

Ils voudraient tant que les filles le réalisent aussi ! Beaucoup de garçons nous ont dit qu'ils connaissaient bien des filles géniales, drôles et intelligentes qui n'ont jamais de copain parce qu'elles n'ont pas conscience que leurs dix à quinze kilos de trop en sont la cause.

Les garçons le remarquent et apprécient nos efforts pour améliorer notre apparence.

Nous sommes sûres que quelques-unes des filles qui lisent ce livre ont entendu le médecin leur dire qu'elles étaient en surpoids et qu'elles avaient des kilos à perdre. Alors, quels efforts sont bons et légitimes, et quelles démarches font plus de mal que de bien ? C'est sans doute le bon moment pour moi, Lisa, de vous raconter mon horrible combat contre ma mauvaise image de moi et contre mon trouble alimentaire si accablant.

Sur la corde raide

Quand j'étais au lycée, comme presque toutes les filles, je me préoccupais beaucoup de mon aspect physique. J'étais bien proportionnée, mais plus grande que mes copines, et j'avais des hanches de femme ! J'enviais mes amies plus menues que moi.

De plus, plusieurs membres de ma famille étaient obèses et ne parvenaient pas à maigrir malgré leur régime constant. Cela me *terrifiait*, et je me promettais de trouver le moyen de briser ce qui me semblait être une redoutable malédiction génétique. Malheureusement, ma méthode me plongea dans les cachotteries, la honte, le déséquilibre et le désespoir.

Une amie me confia que si elle avait envie de manger un aliment très calorique, elle en goûtait une bouchée, qu'elle recrachait ensuite dans la poubelle. De cette façon, elle pouvait savourer le goût des aliments interdits sans grossir pour autant. Je trouvai l'idée géniale et je suivis son exemple. Je jetai sans cesse des petites bouchées de nourriture à moitié mâchées dans la poubelle. Je fis tout mon possible pour les dissimuler ou les faire disparaître.

Le problème empira quand je me rendis dans une université qui prônait le parfait équilibre entre « l'esprit, l'âme et le corps ». Comme, à l'époque, personne ne savait avec quelle rapidité les troubles du comportement alimentaire peuvent s'installer, les responsables firent clairement comprendre qu'en tant que chrétiens, nous devions donner le bon exemple en maîtrisant parfaitement tous les aspects de notre vie. Or, beaucoup d'étudiantes étaient boulimiques. Elles se jetaient sur des aliments riches, puis elles se « purgeaient » soit en vomissant, soit en prenant des laxatifs. Et malheureusement, je ne tardai pas à les imiter. Ce qui est triste, c'est qu'extérieurement, nous avions fière allure, mais qu'intérieurement, nous étions en plein marasme sans oser en parler.

Quels efforts sont bons et légitimes, et quelles démarches font plus de mal que de bien ?

Ce n'est qu'après la fin de mes études universitaires que j'ai bénéficié d'aide. En étant conseillée, en lisant de bons livres sur le sujet, en priant beaucoup et en comptant sur la grâce de Dieu, je parvins à vaincre ma boulimie. Maintenant, j'ai un poids normal, et je me nourris très sainement.

Je suis un régime pauvre en « sucres rapides », car ceux-ci (pain, beignets, desserts, etc.) ravivent mes tendances à la boulimie. En forçant sur les protéines et en limitant les glucides, je régule mon taux de sucre dans le sang, ce qui m'évite d'avoir des fringales. Je limite ma quantité de glucides quotidienne, ce qui me réussit parfaitement. Un programme Internet gratuit, www.fitday.com (en anglais), m'a aussi aidée à maintenir de bonnes habitudes alimentaires.

Toutefois, souvenez-vous que tout le monde est différent. De son côté, Shaunti a stabilisé son poids en suivant les principes et les connaissances qu'elle a acquis grâce à la lecture de *The South Beach Diet*, qui propose un équilibre idéal et la consommation de « bons glucides » et de « bonnes graisses ». L'essentiel est de se fixer un objectif et de le suivre en se nourrissant de manière consistante et saine, et cela pour la vie.

Par contre, j'ai découvert à mes dépens que les solutions malsaines que j'avais trouvées pour pallier à ma boulimie m'avaient valu toutes sortes de problèmes de santé et, en fin de compte, rendaient *plus difficile* ma perte de poids.

Su tu crois que tu es atteinte de troubles du comportement alimentaire, je t'en prie, ne te cache pas et ne vis pas dans la honte — cela ne servira qu'à *gâcher* tes chances d'atteindre un poids normal ! Parle à un conseiller de confiance ou à un membre du corps médical et fais-toi aider.

Souviens-toi aussi que Dieu *te soutiendra dans ce domaine*. Après tout, c'est lui qui t'a créée, et il veut de bonnes choses pour toi. Il désire te délivrer de tout souci destructeur dans ce domaine.

Quatrième point : ton apparence montre si tu te sens bien dans ta peau ou non.

Nous l'avons dit, l'une des principales raisons pour lesquelles la plupart des garçons ont affirmé qu'ils ne seraient pas attirés par une fille obèse, c'est que cela indique qu'elle ne prend guère soin d'elle-même. Les garçons ont expliqué qu'ils voulaient une copine assez équilibrée pour prendre soin de son apparence. Cela leur montre, en effet, qu'elle a conscience de sa valeur personnelle.

C'est l'une des principales raisons pour lesquelles les garçons ont soutenu à maintes reprises qu'ils s'intéressaient à différents types de filles. Qu'elles aient l'air d'une star de cinéma ou d'un top model ou qu'elles soient un peu trapues ou dégingandées n'est pas si important que cela en a l'air : si elles sont sûres d'elles, cela les rend attrayantes.

Une quantité d'adolescents que nous avons interrogés nous ont répété pratiquement la même chose : « *Si elle s'aime comme elle est, cela la rend séduisante.* »

« Si elle s'aime comme elle est, cela la rend séduisante. »

Lis ces autres commentaires similaires :

- « C'est très agréable d'être avec une fille qui s'accepte telle qu'elle est, qui sait qui elle est et ce qu'elle veut. »
- « Beaucoup de filles ont l'impression de devoir être parfaites, mais cela trahit leurs complexes. Je veux une fille qui ait confiance en elle. »

Creusons un peu plus le sujet en demandant l'avis d'une autre experte. Le docteur Linda Mintle est une psychothérapeute qui travaille avec des femmes et des adolescentes sur l'image qu'elles se font de leur corps et qui a écrit une quantité de livres dont l'un sur le régime diététique efficace (*Lose It for Life* : Perdez du poids pour la vie) ainsi qu'un autre expliquant comment être en paix avec soi-même et accepter son corps tel qu'il est (*Making Peace with Your Thighs* : Faites la paix avec vos cuisses). Nous lui avons demandé ce qu'elle dirait à des adolescentes pour les encourager à prendre soin de leur apparence et ce que les garçons en penseraient.

CONSULTE UNE EXPERTE : le Dr Linda Mintle, psychothérapeute spécialisée en image corporelle et auteur d'*Overweight Kids (Enfants en surpoids)*.

Ton poids ne te définit pas

En réalité, le poids et l'apparence peuvent soit attirer, soit repousser les garçons. Si une fille n'a pas un poids correct, elle peut comprendre la réaction d'un garçon en se demandant : « Si je ne m'estime pas suffisamment pour prendre soin de mon corps, pourquoi ce garçon aurait-il envie de chercher à mieux me connaître ? » Notre aspect extérieur peut refléter ce qui se passe dans nos cœurs. Quand nous n'avons pas un poids correct, nous disons implicitement : « Je ne prends pas soin de moi. » Et cela n'attire pas les autres.

Mais les filles ne doivent pas dire : « Il faut que je perde du poids pour plaire à tel ou tel garçon. » C'est une route dangereuse, car à ce moment-là, c'est ce garçon qui détermine ton identité, ce qui est malsain ! Tu ne dois pas dépendre des autres pour te sentir bien. Concentre-toi plutôt sur ce que tu es et sur ce que Dieu veut que tu sois. L'idéal serait que tu veuilles prendre soin de ton corps parce que tu es le temple du Saint-Esprit et que tu transmettes le message que tu te respectes, quelle que soit l'opinion des autres. Cette assurance sera attrayante.

Les recherches prouvent que lorsque la plupart des femmes se regardent dans la glace, elles pensent qu'elles doivent perdre du poids, même si ce n'est pas le cas. Aussi, si tu penses que tu as besoin de maigrir, je te suggère d'en parler à une femme adulte de confiance qui pourra te prendre à part et te donner franchement son avis, car si tu veux changer, il faut t'assurer que c'est vraiment nécessaire. Ensuite, demande à une personne de confiance de t'aider à le faire sainement. Pour perdre du poids de manière saine, tu dois généralement commencer par perdre de mauvaises habitudes, comme de manger et de boire n'importe quoi à toute heure. Ne grignote pas quand tu t'ennuies ou que tu es bouleversée. Apprends à gérer ton stress autrement. Et bouge ! En général, les adolescentes n'aiment guère le sport…

La question du poids est épineuse parce que d'un côté, trop de filles sont obsédées par leur ligne et se lancent dans des régimes dangereux, mais que de l'autre, l'obésité des adolescents atteint des proportions dramatiques. Traiter sainement ce problème est crucial. Si une femme de confiance te confirme que tu as du poids à perdre, considère cela comme un signal d'alarme, et prends soin de toi-même et de ta santé. Respecte-toi toi-même : tu verras que cela te rendra plus attrayante aux yeux des autres.

Souviens-toi que quel que soit ton poids, ton identité ne se limite pas à ton aspect physique. La valeur ne dépend pas de la silhouette ! Ta vraie valeur vient de ce que tu es une enfant de Dieu. Et cela ne change pas en fonction de ton poids !

Ta vraie valeur vient de ce que tu es une enfant de Dieu.

Cinquième point : les garçons veulent trouver un « diamant encore brut ».

Bon nombre des garçons que nous avons interrogés nous ont expliqué qu'ils souhaitaient trouver un « diamant encore brut » : une fille unique, naturelle, qui a le potentiel d'être très belle à l'avenir, même si elle est encore maladroite et hésitante. Voici quelques remarques d'ados :

- « Beaucoup de collégiennes et de lycéennes doivent affronter de si nombreux changements que cela les perturbe un peu. Mais les garçons intelligents savent deviner ce que cache un diamant brut et voir plus loin que la situation présente. »
- « Nous aimons repérer les "diamants bruts" et aller vers les filles qui ont un grand potentiel. »

C'est pour cela que l'hypocrisie féminine pose un gros problème aux garçons. Ils en ont horreur ! Et ils nous ont avoué qu'ils n'estimaient guère les filles aguicheuses qui se parent de vêtements trop moulants ou provocants. Ils veulent de vraies filles — d'authentiques diamants, même cachés — et non des personnes qui camouflent leur vraie personnalité derrière une façade. Voici quelques-unes de leurs remarques :

- « Les filles trop apprêtées me répugnent. Elles ont trop de maquillage, de fond de teint, de faux ongles et de faux cheveux. On ne sait pas qui elles sont en réalité, si bien qu'il est risqué de sortir avec elles. »
- « Si tu es obligée d'être provocante pour attirer un garçon, ce dernier ne vaudra pas grand chose. Si tu dois faire semblant d'être quelqu'un d'autre, cela n'en vaut pas la peine. Certaines filles consacrent tout leur temps à séduire les garçons et à jouer avec leur cœur et leur esprit. Elles jouent de leurs charmes pour les attirer, puis elles les rejettent. »
- « J'aime celles qui n'ont pas trop de maquillage… Celles qui ont de la classe. »
- « Mettre des tonnes de maquillage ne fera qu'attirer de mauvais garçons. Tu risques de tomber amoureuse de quelqu'un qui ne t'aime pas pour toi-même. »

« Nous aimons repérer les "diamants bruts" et aller vers les filles qui ont un grand potentiel. »

PAR QUOI COMMENCER ?

Nous espérons t'avoir fait comprendre que les garçons qui t'intéressent se soucient de toi, de ta véritable personnalité et de ton côté unique. Même si ce chapitre t'a ouvert les yeux sur des choses que tu dois modifier, nous t'encourageons à le faire avec prudence, en honorant l'être spécial que Dieu a voulu que tu sois. Si tu as décidé de vivre d'une façon plus saine, voici de bons moyens de commencer :

Demande à une amie de confiance de t'aider.

Lisa : Comme notre experte, le Dr Mintle, l'a suggéré, demande à une amie adulte de confiance de t'aider à évaluer avec réalisme ta forme et ton apparence. Envisage même de demander conseil à une amie de ton âge en qui tu peux te confier, à condition d'être sûre qu'elle ne se soucie que de ton intérêt. Ma fille Sarah te donne ce conseil : « Ne te tourne pas vers des filles qui te ridiculisent quand ta ceinture n'est pas parfaitement assortie à ton chemisier ! Trouve une véritable amie qui te répondra à cœur ouvert. »

Attention, tu dois être *réaliste* et *objective !* Ce conseil ne s'applique pas à toi si tu es mince, mais que tu t'imagines devoir perdre trois kilos, ou si certains aspects de ton corps te déplaisent.

Nous te déconseillons fortement de te tourner vers ton père ou vers un copain. En effet, les pères sont fous de leurs petites filles quelle que soit leur apparence, et ils savent qu'elles vivent dans un monde où ce problème risque de prendre des proportions dramatiques. Quant aux adolescents, ils n'oseront pas dire franchement ce qu'ils pensent aux filles, de peur de les blesser. Ils se contenteront de te faire remarquer qu'« il ne peut sortir rien de bon d'une telle conversation. »

Suis un plan raisonnable que tu pourras observer à long terme.

Nous te l'avons dit, nous nous sommes aperçues toutes les deux qu'il était fort possible de perdre du poids sans le regagner. Toutefois, prendre soin de toi-même implique que tu t'efforces de te nourrir correctement et de vivre sainement, et ce à long terme. La plupart d'entre nous ont besoin d'un plan durable et réaliste qui soit efficace sans être trop contraignant. Par chance, de nos jours, tu peux facilement être aidée. Nous t'exposons quelques moyens (en anglais) sur le site www.foryoungwomenonly.com.

Réalise que Dieu s'intéresse à toi et veut t'aider !

Même si cela te paraît étrange, sache que Dieu t'aidera à résoudre tes problèmes de santé et de poids de façon prodigieuse si tu réalises que tu en as besoin.

Le Seigneur ne nous a pas créées pour être des poupées Barbie. Aussi, réjouissons-nous du corps et de la personnalité uniques qu'il nous a donnés (même si nous avons des grosses cuisses, des petits seins, etc.) et tirons-en le meilleur parti possible.

Réjouissons-nous du corps et de la personnalité uniques qu'il nous a donnés et tirons-en le meilleur parti possible.

Le Seigneur bénira ton désir de montrer extérieurement le respect de toi que tu éprouves intérieurement. Souviens-toi que pour lui, nos corps sont « le temple du Saint-Esprit » (1 Corinthiens 6.19). Si tu lui demandes de l'aide et que tu passes à l'action, nous sommes persuadées qu'il te donnera la motivation intérieure *permanente* d'avoir un « temple » saint.

J'espère que tu as prié en lisant ce chapitre et que tu as laissé le Seigneur te donner sa paix au lieu d'avoir un nœud à l'estomac. Après tout, c'est un Dieu de paix ! Et il nous aime, quelles que soient nos imperfections.

Chapitre 7

LE LANGAGE DU CORPS

Ses désirs physiques ont des conséquences émotionnelles pour vous deux.

Les adolescents ont des pulsions sexuelles très fortes, ce qui a d'énormes conséquences émotionnelles. Ils ont besoin de l'aide des filles pour se contenir.

Dans le livre et le film *4 filles et un jean*, quatre amies intimes qui passent leurs vacances d'été dans divers endroits décident de mettre en commun un jean qui leur va à toutes les quatre. Elles se promettent de s'envoyer le jean de l'une à l'autre par la poste au cours de l'été, accompagné d'une lettre décrivant leurs aventures pendant le temps où elles le portent.

Évidemment, la plupart de leurs récits concernent des garçons. Si certaines prennent de bonnes décisions, d'autres font de très mauvais choix. Bridget, la belle blonde athlétique de dix-sept ans, part au Mexique en camp d'été, ravie de quitter son père obnubilé par son travail et qui l'ignore. Elle décide que le meilleur moyen de panser son cœur blessé est d'attirer l'attention et de gagner l'affection d'un bel étudiant, entraîneur de football, et elle consacre tout son temps libre à échafauder des stratagèmes pour le séduire.

Le jeune entraîneur est à la fois flatté et inquiet des avances que lui fait Bridget. Il meurt d'envie de céder au plaisir qu'elle lui offre, mais il s'effraie à l'avance des conséquences. Quand, en fin de compte, il se décide, Bridget est plus déprimée que comblée. Elle avoue à ses amies que sa relation sexuelle l'a plutôt accablée, et elle se demande : « Comment un truc censé vous épanouir peut-il vous laisser un tel sentiment de vide ? »

Bien que les observateurs puissent penser que le séduisant jeune homme ait été ravi d'avoir une aventure sans lendemain, ce n'est pas le cas. L'entraîneur est triste, déçu et chargé d'un fardeau qu'il devra continuer à porter pendant longtemps. Ce n'est pas ce qu'il avait prévu lorsqu'il a décidé de franchir le pas avec cette jolie fille.

L'ASPECT ÉMOTIONNEL

Dans ce chapitre, nous allons examiner plusieurs dynamiques invisibles qui hantent le cœur et l'esprit d'un garçon après des rapports sexuels. Souvent, les filles ignorent que celles-ci existent, alors qu'elles ont une influence considérable sur les garçons — donc, par voie de conséquence, sur toi. En voici un bref résumé :

- Beaucoup de garçons ne se sentent ni capables ni responsables d'interrompre les rapprochements sexuels quand ils sont avec une fille. Et ceux qui estiment devoir le faire ne veulent pas cesser seuls, mais d'un commun accord.
- Dans l'esprit d'un garçon, les relations sexuelles ne signifient ni qu'il t'aime, ni qu'il veut s'engager envers toi.
- Dès que tu as des rapports sexuels avec un garçon, il doute de pouvoir ensuite te faire confiance.
- Les garçons veulent vraiment épouser une vierge.

Examinons ces faits l'un après l'autre.

Premier fait émotionnel : Beaucoup de garçons ne se sentent ni capables ni responsables d'interrompre les rapprochements sexuels quand ils sont avec une fille. Et ceux qui estiment devoir le faire ne veulent pas cesser seuls, mais d'un commun accord.

Beaucoup de garçons ont admis ne se sentir a) ni capables, b) ni responsables de cesser les préliminaires sexuels une fois qu'ils ont commencé. Notre enquête nationale l'a confirmé.

LES RÉSULTATS DU SONDAGE

Que tu aies une copine ou non, si tu étais avec une partenaire consentante qui ne désire pas interrompre vos préliminaires sexuels, serais-tu capable de t'arrêter ?

Pourquoi voudrais-je interrompre un rapport sexuel ?	30%
Ce serait presque impossible. Quand on commence, c'est trop dur de s'interrompre.	18%
J'en serais peut-être capable, mais au prix d'un immense effort, et je risquerais d'aller plus loin que prévu.	34%
Je trouve facile d'interrompre des préliminaires.	18%

0% 50% 100%

Presque incapables…

En conclusion, 82% des garçons affirment avoir eu de grandes difficultés à interrompre des préliminaires sexuels — voire même n'en avoir eu aucun désir ! Pour un garçon, il est encore plus difficile d'entamer le processus sans l'achever.

Comme l'a dit un collégien : « Un petit flirt ne prête pas à conséquence. Mais quand les mains entrent en action, ça va plus loin. En général, je peux me contenir si la fille ne va pas trop loin, mais sinon… »

Un autre ado a expliqué : « Avec un garçon, si vous voulez pouvoir arrêter, le mieux est de ne pas commencer… »

« Avec un garçon, si vous voulez pouvoir arrêter, le mieux est de ne pas commencer... »

À cause de l'extrême effort qui leur est nécessaire pour stopper, il n'est pas étonnant que même les garçons les plus gentils trouvent toutes sortes de prétextes pour continuer. Écoutez cette excuse d'un lycéen : « Le problème, c'est que si je ne vais pas jusqu'au bout, la fille risque de se dire : "Ça alors, est-ce que je ne suis pas assez bien pour lui ?" »

Déclinant toute responsabilité...

Non seulement les garçons estiment que physiquement, il est très difficile de s'arrêter, mais une minorité assez importante ne se sent nullement responsable de le faire.

À la question ci-dessus du sondage, presque un tiers des garçons a répondu : « Pourquoi voudrais-je interrompre un rapport sexuel ? » Autrement dit : « Je ne le ferai pas. C'est sa responsabilité et non la mienne ! »

Beaucoup de garçons que nous avons interrogés ont confirmé cette position. D'après eux, si la fille ne protestait pas, ils n'avaient aucun scrupule à aller « jusqu'au bout ».

Un lycéen l'a dit franchement : « C'est à elle de dire quand nous devons nous arrêter. » Lisez ces commentaires :

- « Ce sont les filles qui fixent les limites. Pour les garçons, il n'y a aucune limite. Nous allons jusqu'au bout. »
- « Oui, je l'avoue, dans le domaine sexuel, je laisse le train en marche jusqu'à ce qu'il arrive à destination. »
- « Je compte sur la fille pour me faire savoir jusqu'où doivent aller les choses. S'il ne tenait qu'à moi, nous ne nous arrêterions pas. »

Dans le sondage, le pourcentage qui déclinait toute responsabilité était encore plus élevé (38 pour cent) parmi les garçons riches et parmi ceux qui affirmaient n'avoir aucune conviction religieuse. Et il était légèrement inférieur (23 pour cent) parmi les garçons chrétiens qui se rendaient à l'église une fois par semaine.

Un lycéen a dit : « C'est plus facile de s'arrêter quand on sort avec la fille, parce qu'on s'interroge sur les répercussions futures. Mais s'il s'agit d'une aventure d'un soir, cela n'a aucune importance. »

« C'est à elle de dire quand nous devons nous arrêter. »

Ils ne veulent pas être le seul des deux à être « fort ».

Une quantité de garçons responsables auxquels nous avons

parlé ont affirmé qu'ils ne voulaient pas être *les seuls* à essayer de s'arrêter. Ils voulaient que les filles les aident, afin de ne pas être les seuls à être « forts ». Quand ils avaient les idées claires, ils souhaitaient vivement que les filles soient plus prudentes. C'est ce que *beaucoup* de garçons nous ont déclaré.

À la fin du sondage, nous avons laissé un espace vierge aux garçons et nous leur avons demandé quel conseil ils voulaient donner aux filles qui les entourent, y compris à leur petite sœur. Il n'est pas surprenant que la plupart des réponses aient eu trait au sexe, mais ce qui est le plus étonnant, c'est qu'une quantité de garçons ont conseillé : « Sois prudente… Fais attention… Tiens-toi sur tes gardes ! » C'est l'un des thèmes récurrents les plus forts de toute l'enquête. En fait, un garçon sur cinq a consacré l'espace vierge exclusivement à ce sujet.

En voici un exemple :

« Les garçons ne cherchent qu'une seule chose. Fais attention à ceux que tu fréquentes, et sois très prudente. Si je le veux, je peux te protéger, mais il faut que *tu apprennes à te garder toi-même.* »

Les garçons chrétiens

Dans nos interviews, nous avons vu une différence frappante sur certains points entre les garçons qui se disaient chrétiens et allaient à l'église chaque semaine et les autres. Les garçons chrétiens se sentaient davantage responsables dans le domaine sexuel ou, du moins, ils connaissaient mieux les dynamiques et les répercussions de l'activité sexuelle. Lis ces deux commentaires provenant de garçons issus de deux groupes de jeunes différents :

- « Pour moi, même les baisers enclenchent un processus que je ne veux pas aborder trop vite. C'est une pente glissante. Si j'embrasse une fille, je risque de franchir l'étape suivante, et ainsi de suite. C'est un cycle. Quand on commence, on a envie de continuer. »
- « Il faut commencer par fixer des limites, car quand on est en pleine action, on n'arrive pas à réfléchir rationnellement. Je me dis que mes mains ne vont pas s'aventurer trop loin, que je ne vais pas y penser… On doit fixer des limites à deux. Quand c'est fait, on court moins de risques de les franchir. Si on n'en a pas parlé, il est presque sûr qu'on perdra la contrôle de la situation. C'est si facile de se laisser emporter ! »

« Si on se fixe des limites à deux, on court moins de risques de les franchir. »

Deuxième fait émotionnel : les relations sexuelles ne signifient ni qu'il t'aime, ni qu'il veut s'engager envers toi.

Tu as probablement déjà entendu tes parents ou les dirigeants de ton groupe de jeunes le dire, mais maintenant, tu vas l'entendre de la bouche des garçons eux-mêmes. Ceux auxquels nous avons parlé ou que nous avons interrogés ont affirmé que pour des adolescents, les relations sexuelles ne signifiaient pas qu'ils éprouvaient un amour ardent pour leur copine ou qu'ils désiraient s'engager avec elle de façon durable.

LES RÉSULTATS DU SONDAGE

Avoir des relations sexuelles avec une fille signifie-t-il que tu veux l'épouser ou que tu veux t'engager envers elle ?

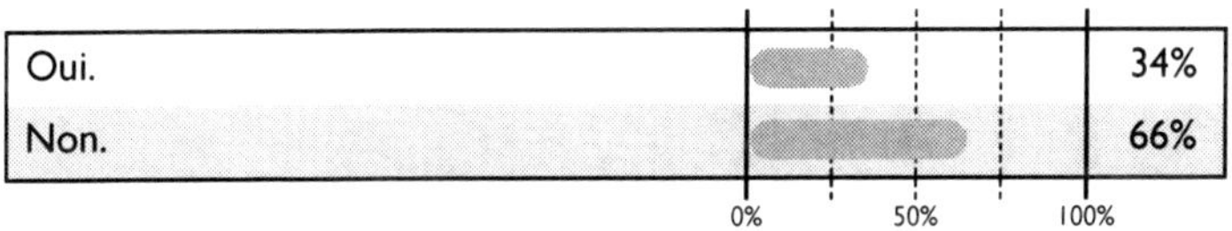

Les deux tiers des garçons ont confirmé que les rapports sexuels *ne les engageaient nullement envers une fille.*

Cela peut en surprendre et en alarmer certaines, qui aspirent avant tout à avoir une relation amoureuse solide avec un garçon. Dans l'esprit d'une fille, l'élément physique est souvent une démonstration d'amour, mais les garçons voient la chose un peu différemment. Lis ces commentaires extraits des groupes de discussion et du sondage :

- « Si elle me dit qu'elle m'aime, je pense : "Ah bon ? Dans ce cas, on peut faire l'amour tout de suite ? O. K. !" »
- « Les filles se servent des rapports sexuels pour obtenir de l'amour, alors que les garçons font l'inverse. »
- « Ce n'est pas parce qu'elles prétendent vous aimer que c'est vraiment le cas. »

Un garçon que nous avons interrogé a mis en garde les filles : « Soyez prudentes. Il n'y a rien de mal à tomber amoureuse, mais souvenez-vous que les garçons ont généralement d'autres idées en tête. Dans le monde actuel, il est très facile de tirer avantage des filles. Pour l'instant, il vous semble peut-être amusant d'avoir des relations sexuelles avec de nombreux garçons, mais quand vous voudrez passer à l'étape suivante et fonder une famille, vous le regretterez. »

Pour des adolescents, les relations sexuelles ne signifient pas qu'ils éprouvent un amour ardent pour leur copine ou qu'ils désirent s'engager avec elle de façon durable.

Un autre garçon a expliqué : « En tant que membre du sexe opposé, je voudrais dire aux filles de ne jamais faire entièrement confiance à un garçon. Même si cela semble terrible, la plupart des ados ne se soucient guère des sentiments des filles. Il y a des exceptions ; aussi, noue des contacts avec les garçons, mais ne pars jamais du principe que celui avec lequel tu sors est l'exception. »

Un autre garçon a été encore plus direct : « Les garçons sont prêts à dire n'importe quoi pour parvenir à leurs fins. Nous déclarons : "Je t'aime, tu es spéciale, etc." Et nous le pensons même, mais pendant un court instant, parce que nous désirons désespérément obtenir ce que nous voulons. »

LES RÉSULTATS DU SONDAGE

Que tu aies une copine ou non, si tu rencontrais une fille prête à avoir des rapports sexuels avec toi, qu'éprouverais-tu ?

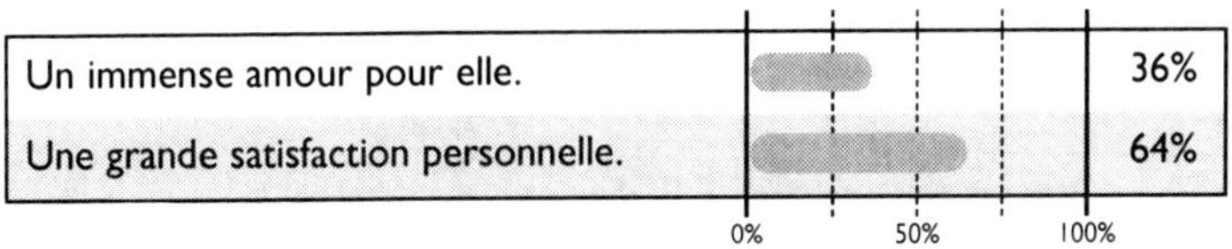

Un membre d'un groupe de jeunes nous a dit : « Les filles pensent : "Il m'embrasse parce qu'il m'aime", alors que ce n'est généralement pas le cas. »

Presque tous les garçons auxquels nous avons parlé ont déclaré que pour eux, les relations sexuelles ne constituaient pas une preuve d'amour. Et beaucoup ont avoué qu'ils pourraient en avoir avec une fille qu'ils ne connaissent pas. Un garçon a dit : « Je préfère faire l'amour avec quelqu'un que je connais, mais je ne suis pas opposé à coucher avec une inconnue en fin de soirée. »

« Les filles pensent : "Il m'embrasse parce qu'il m'aime", alors que ce n'est généralement pas le cas. »

Troisième fait émotionnel : dès que tu as des rapports sexuels avec un garçon, il doute de pouvoir ensuite te faire confiance.

Voici à présent le résultat qui va sans doute surprendre le plus la plupart des filles — mais pas les garçons. Bien que beaucoup poussent leur copine à leur céder avant le mariage, dès qu'ils parviennent à leurs fins, ils pensent que leur conquête n'est pas digne de confiance. Et ce doute, à son tour, nuit à leur relation.

LES RÉSULTATS DU SONDAGE :

Si ta partenaire et toi aviez des rapports sexuels, même si tu l'aimais, te demanderais-tu ensuite si tu peux lui faire entièrement confiance ?

Oui, je me poserais la question.	64%
Non, cela ne me viendrait pas à l'idée.	36%

Lis ces réflexions sincères des ados que nous avons interviewés :

- « Si une fille me cède, je ne la respecte plus autant. Je me demande ce qu'elle a fait d'autre dans le passé. »
- « Dès que ma copine et moi avons couché ensemble, j'ai su que notre histoire n'allait pas durer. J'avais le sentiment qu'après cela, rien ne serait plus comme avant. »
- Si elle vous pousse à avoir une relation sexuelle, vous savez que vous n'êtes pas le seul.
- « Quand on a eu des rapports intimes, on ne sait plus si on agit par amour ou sous l'influence des hormones. Dès lors, on se demande quel facteur entre en jeu ? Est-ce que j'aime cette fille ou seulement le plaisir physique ? Cette confusion gâche la relation. »

Un ado qui a participé au sondage met en garde les filles : « Méfiez-vous des garçons. La plupart ne cherchent qu'une satisfaction rapide. Ne leur cédez pas ! Demandez-vous si c'est vraiment votre personne qui les intéresse ou juste votre corps. Tous les garçons admettront qu'ils ne pensent avoir des rapports sexuels avec la femme de leur vie qu'après le mariage, parce qu'ils la respectent. »

Pour vous lancer un avertissement supplémentaire, nous avons entendu dire que si des fiancés avaient des relations sexuelles avant le mariage, cela les culpabilisait et nuisait à leur entente future. Un jeune homme a expliqué :

> « Si on couche avec une fille, cela risque de compliquer et d'entraver la relation. Cela commence innocemment, et nous voulons que cela le reste, mais ensuite, cela dégénère, et on se rend compte que rien n'est plus pareil. Il n'y a plus les exquises satisfactions qu'on éprouve quand on sort ensemble et que les petits détails prennent une importance considérable. Par exemple, combien on se sent bien lorsqu'elle s'endort tendrement contre notre épaule. C'est parfaitement innocent, et cela devrait le rester. Mais les attouchements sexuels vous culpabilisent et vont à l'encontre de ce que vous vouliez au départ. »

Quatrième fait émotionnel : les garçons veulent épouser une vierge.

Que tu le croies ou non, même si la plupart des garçons veulent persuader leur copine de *ne pas* rester vierge, ils espèrent en épouser une ! Cette contradiction serait drôle si les conséquences n'étaient pas si sérieuses !

LES RÉSULTATS DU SONDAGE :

L'affirmation suivante est-elle vraie ou fausse ? « Si possible, j'aimerais épouser une vierge. »

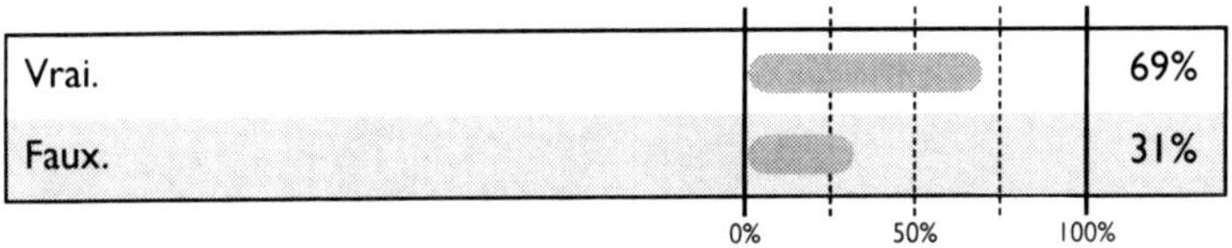

Comme tu peux le constater, la grande majorité des garçons souhaitent épouser une fille qui n'a pas eu de relations sexuelles avec quelqu'un d'autre. Voici ce que plusieurs d'entre eux nous ont déclaré :

- « Nous voulons une fille qui n'ait jamais eu de rapports sexuels, car plus elle en a eu, plus elle risque ensuite de nous tromper. »
- « S'ils sont honnêtes, tous les garçons admettront qu'ils veulent épouser une vierge. »

Voici maintenant l'aspect contradictoire des choses :

- « Soyons réalistes. Comment pouvons-nous prétendre vouloir une jeune fille pure alors que nous avons des rapports sexuels avec de nombreuses filles et que nous en déflorons beaucoup ? »
- « Nous leur prenons leur virginité, tout en espérant trouver une fille vierge pour épouse. »
- « Si vous savez vous y prendre, vous finirez par convaincre votre copine de vous céder. Et elle ne sera plus vierge ! »

> « S'ils sont honnêtes, tous les garçons admettront qu'ils veulent épouser une vierge. »

Q'ils soient religieux ou non, tous les garçons tiennent en haute estime la virginité.

Il nous a paru intéressant de constater que les garçons religieux *et les autres* voulaient épouser une vierge — quoique ceux qui allaient à l'église aient été en plus grand nombre. Neuf chrétiens sur dix (89 pour cent) souhaitaient épouser une vierge. Il est important de constater que 59 pour cent des garçons qui se sont déclarés agnostiques, athées ou sans conviction religieuse le désiraient également. Voici quelques-uns des commentaires de garçons que nous avons interrogés et sondés (et qui avaient des positions très diverses par rapport à la foi) :

- « Attendez d'être mariées pour avoir des relations sexuelles. La vie est trop courte pour nourrir des regrets. »
- « J'aimerais savoir qu'elle s'est gardée pour moi. Ce serait si génial ! »
- « Rester chaste jusqu'au mariage est prodigieux. »

Et finalement, lisez cet avertissement qu'un participant au sondage a adressé aux adolescentes :

- « Quoi que dise ton copain ou tes amies, et même si cela te semble être un cliché, attends jusqu'au mariage. Essaie de penser à ce cadeau vraiment unique que tu pourras offrir à ton mari au cours de cette nuit de noces. Tu ne peux donner ta virginité qu'une seule fois. Fais en sorte que ce soit à ton époux. Ne la gaspille pas ! Et c'est un garçon qui te donne ce conseil, un représentant du sexe qui a la réputation de "sauter" sur tout ce qui bouge. »

La pureté du cœur

Même si beaucoup de garçons veulent épouser une vierge, certains ont émis de subtiles nuances :

- « J'aimerais épouser une vierge, mais pour moi, l'essentiel est d'avoir un cœur pur. Tout le monde commet des erreurs... Je veux juste être le héros d'une fille, même si elle a commis beaucoup d'erreurs. C'est comme cela que je veux traiter ma future femme. »
- « La pureté du cœur ou les normes morales élevées sont essentielles. Les filles peuvent avoir été poussées à avoir des rapports sexuels sans que ce soit de leur faute. J'apprécie beaucoup plus leur désir d'avoir un cœur pur à partir d'un certain moment que leur virginité proprement dite. »

« Attends jusqu'au mariage. Tu ne peux donner ta virginité qu'une seule fois. Fais en sorte que ce soit à ton époux. »

POURQUOI EST-CE UN PROBLÈME SI CRUCIAL DE NOS JOURS ?

Dans notre enquête, la moitié des garçons de quinze à vingt ans avaient déjà eu des rapports sexuels, et d'autres enquêtes ont prouvé que le nombre était encore plus élevé lorsqu'on interrogeait les garçons sur les rapports bucco-génitaux. Beaucoup d'études montrent que les rapports sexuels entre adolescents non mariés décroissent légèrement, ce qui est formidable. Mais tu seras sans doute d'accord pour dire que les statistiques sont encore trop élevées, surtout parmi les adolescents les plus âgés. Comme les garçons et les filles savent qu'il y a souvent des conséquences négatives, pourquoi tant d'entre eux ne s'abstiennent-ils pas ?

L'une des raisons est évidente : les ados ont souvent de forts désirs sexuels et des hormones déchaînées. Mais il existe d'autres raisons moins flagrantes que nous voudrions t'exposer maintenant.

Pourquoi *il* le fait

- **Parce qu'il est constamment tenté.** Comme tu l'as appris dans le chapitre « Gardiens d'albums photos », les images visuelles excitantes stimulent sexuellement les garçons. Penses-y ! Dans cette culture, cela signifie que ses pulsions sexuelles sont stimulées sans arrêt, chaque fois qu'il regarde la télé ou qu'il se promène au centre commercial — ou même en classe. S'il est constamment tenté par le sexe, il n'est pas surprenant qu'il lui paraisse de plus en plus difficile de résister.

- **Parce que la pression des copains crée en lui des pressions internes.** Nous savons tous que dans les vestiaires, les garçons se vantent mutuellement de leurs « conquêtes », même si c'est tout à fait faux. Cette pression des copains est très éprouvante. Comme quelqu'un l'a dit, « les garçons peuvent se montrer sans pitié les uns envers les autres. Ils disent : "Hein ? Tu n'as pas encore couché avec elle ? Tu as quelque chose qui ne va pas, ou quoi ?" Après cela, à votre insu, vous commencez à vous dire que vous n'êtes pas normal. » (À ce propos, pendant que nous terminions ce livre, un copain de Sarah, seize ans, lui a déclaré qu'il avait dix-sept ans, était encore puceau et lui avait fait l'honneur de la choisir pour sa première expérience sexuelle. Pas un mot d'amour… juste un discours hypocrite. Nous sommes heureuses de t'apprendre qu'elle l'a envoyé promener !)
- **Parce qu'une fois qu'il a cela en tête, (ce qui est très souvent le cas), les hormones peuvent gouverner**

son cerveau. Les garçons nous ont dit que dans la fièvre du moment, ils voulaient aller jusqu'au bout, même s'ils savaient qu'ils ne devraient pas le faire. À moins que les filles ne les aident alors à arrêter, ils ne s'interrompront pas d'eux-mêmes.

Pourquoi *elle* le fait

Les filles ont aussi des pulsions sexuelles et des hormones, même si elles ne sont pas aussi intrépides que les garçons à l'adolescence. En plus du plaisir physique, elles cherchent souvent à avoir des rapports physiques pour se sentir plus proches d'un garçon, pour combler un vide émotionnel, et pas seulement pour leur satisfaction physique. Dans *4 filles et un jean*, Bridget cherche à avoir des relations intimes avec l'entraîneur parce qu'elle éprouve le besoin de se sentir aimée et acceptée, alors que l'entraîneur lui cède parce qu'elle fait tout pour le séduire et qu'il est content de jouir d'un moment de plaisir.

> Les filles cherchent souvent à avoir des rapports physiques pour se sentir plus proches d'un garçon, pour combler un vide émotionnel, et pas seulement pour leur satisfaction physique.

Les filles doivent se méfier d'autres aspects du problème. Le Dr Julie Carberry, une psychologue spécialisée dans le conseil d'adolescents, nous a donné ce conseil supplémentaire :

> « J'ai vu beaucoup de filles s'imaginer que Dieu leur avait fixé pour mission de secourir les garçons. Par exemple, une gentille chrétienne se sentira perpétuellement contrainte d'être l'oreille attentive, la copine toujours disponible. Elle croira devoir aussi combler les "besoins sexuels" de son ami. Quand une fille n'a plus de limites émotionnelles, elle n'a plus de limites sexuelles non plus. »

Le problème, assurément, est que si elle n'a plus de limites et qu'elle cède aux avances d'un garçon, cela entraînera des conséquences émotionnelles négatives. Par exemple, le garçon ne lui fera plus confiance, ce qui nuira à leur bonne entente mutuelle.

LES GARÇONS VEULENT QUE TU LES AIDES À ÉVITER LES CONSÉQUENCES NÉGATIVES !

Beaucoup de garçons auxquels nous avons parlé étaient manifestement des gars sérieux qui ne voulaient pas gâcher leurs relations avec une fille. Ils n'avaient pas envie de subir les conséquences négatives d'une relation sexuelle antérieure au mariage. Mais comme ils avaient aussi de grands appétits physiques, ils ont affirmé qu'ils avaient besoin de l'aide de leur copine pour maintenir la relation dans les limites acceptables.

Lis ces commentaires. Ils te montreront que les garçons *savent* que leurs actes ont des conséquences émotionnelles :

- « Je sais que les relations sexuelles jouent avec les émotions d'une fille… et que c'est égoïste. Il n'en résultera jamais rien de bon. »
- « Les garçons savent qu'ils peuvent traumatiser une fille. »

Voici un avis d'un enquêteur :

- « Abstenez-vous de relations sexuelles ! Prenez le temps de penser aux conséquences. Je vous garantis que cela crée des problèmes ! »

À ce propos, nous avons entendu de nombreux garçons affirmer qu'ils regrettaient d'être les seuls à tenter de limiter la progression physique et sexuelle d'une relation. Ils voulaient que leur partenaire les aide et qu'elle discute avec eux des limites à ne pas franchir, afin d'être protégés au moment où tous deux se sentiraient faibles.

S'ils souhaitent que tu les aides, que dois-tu faire ? Ce que nous avons entendu entrait dans plusieurs catégories.

Fixe des limites !

Presque tous les garçons qui se sentaient responsables de ne pas aller « trop loin » croyaient qu'il était capital de se fixer des limites (sans compter le besoin encore plus *impérieux* de limites des garçons qui disent que c'est à la fille qu'il incombe de les fixer !) Les garçons les plus sérieux ont expliqué que d'ignorer où leur partenaire voulait qu'ils s'arrêtent affaiblissait leur résolution de ne pas aller trop loin.

Comme nous l'a expliqué un garçon : « Je ne suis jamais tout à fait sûr de la conduite à tenir avec une fille si nous n'avons pas fixé des limites au préalable. Il est plutôt embarrassant de discuter à ce sujet lorsqu'on entame une relation, mais on doit le faire. »

Dans l'enquête, un garçon a donné un conseil précis aux adolescentes : « N'oublie jamais de fixer des limites et de t'y tenir. Ne laisse pas un garçon aller plus loin ou plus vite que tu le souhaites. Ne pars pas du principe que parce que tu passes de bons moments en sa compagnie, il est amoureux de toi. Le mot *amour* est employé à tort et à travers de nos jours. Ne passe pas sans cesse d'une relation à une autre. Il est parfois bon de rester seule. »

Ne t'imagine pas que les garçons chrétiens sont blindés.

Même si les garçons chrétiens avaient des règles morales plus élevées, plusieurs ont avoué qu'il leur était difficile d'être tout à fait différents des garçons du monde. Ils voulaient que les filles sachent que les garçons sont tous faits de la même façon. Ce n'est pas parce qu'ils sont fermes dans la foi qu'ils ne sont pas assaillis par toutes sortes de tentations, comme les autres garçons. Ils s'inquiètent à l'idée que de nombreuses chrétiennes s'imaginent à tort que parce qu'ils sont pieux, ils n'ont ni pensées impures, ni désirs sexuels.

> Les garçons s'inquiètent à l'idée que de nombreuses chrétiennes s'imaginent à tort que parce qu'ils sont pieux, ils n'ont ni pensees impures, ni désirs sexuels.

Ce fait a été illustré récemment par l'une de mes amies. Sa fille était en short et faisait des exercices d'assouplissement au gymnase. En la voyant, elle l'a prise à part pour lui dire : « Fais attention ! Quand tu fais tes exercices, on voit tes sous-vêtements. Il y a toute une équipe de joueurs de basket qui t'observe. » Sa fille a répliqué : « Ne t'en fais pas, maman. C'est une école chrétienne, et ces garçons sont chrétiens. Ils n'ont pas de mauvaises pensées ! »

Si ces garçons l'avaient entendue, ils auraient objecté : « Oh si, ils en ont ! »

Imite Joseph !

Dans bien des domaines, la Bible nous exhorte à « tenir ferme », à nous accrocher à nos convictions, à être inébranlables. Mais quand il s'agit de tentations sexuelles, elle nous conseille plutôt : « *Sauve-toi !* » Le Seigneur sait qu'une fois que nous sommes dans une situation délicate, il est beaucoup plus difficile d'en sortir. C'est pourquoi il nous incite à éviter à tout prix la tentation sexuelle. Et si celle-ci s'empare de nous, de fuir à toutes jambes. La Bible dit en toutes lettres : « Fuyez la débauche. »

Un pasteur pour jeunes que nous connaissons déclarait à ce sujet : « Imite Joseph ! » Dans l'Ancien Testament, nous trouvons l'histoire d'un jeune homme séduisant nommé Joseph qui était poursuivi par la femme de son chef. Elle lui demandait sans cesse de coucher avec elle, et vous pouvez imaginer quelle tentation cela dut représenter pour lui ! Un jour, elle s'agrippa à lui, mais il se dégagea et s'enfuit si vite qu'il laissa sa tunique derrière lui. Pourquoi se sauva-t-il ? Elle ne pouvait pourtant pas le *contraindre par la force* à avoir un rapport intime avec elle, n'est-ce pas ? Non… Il courut parce qu'il savait qu'il devait se sortir de cette situation incroyablement tentante *immédiatement !*

Beaucoup de garçons auxquels nous nous sommes adressées ont admis que c'était exactement leur cas. Plus ils allaient loin sexuellement, plus il était difficile de fuir. Aussi, si tu te trouves à un endroit où tu es fortement tentée, nous t'incitons à « imiter Joseph » et à fuir ! Aide ton copain à vous préserver tous les deux afin de ne pas faire de tort à vous-mêmes, à votre relation, à votre avenir et à votre communion avec Dieu.

Dans le domaine de la tentation sexuelle, la Bible recommande : « Fuis ! »

S'il te plaît, ne te repose pas sur le garçon avec lequel tu es, même s'il est très sérieux. Souviens-toi qu'il est tenté, lui aussi. Demande plutôt à Dieu de te donner, selon sa promesse, le moyen d'en sortir : « Avec la tentation il préparera aussi le moyen d'en sortir » (1 Corinthiens 10.13).

Nous nous sommes aperçues que cette prière était efficace *quelle que soit la tentation.* « Seigneur Dieu, je suis tentée par _________, et je te demande le moyen d'en sortir. Tu m'as promis de me le procurer. Montre-le moi maintenant. Je ne veux pas tomber ! » Ce type de prière fait porter le fardeau à Dieu, mais il en a la force !

LES GARÇONS VEULENT ÊTRE VOS HÉROS… ET NON VOUS TENDRE UN PIÈGE

Presque tous les garçons auxquels nous avons parlé ont dit que quand ils n'étaient pas échauffés sexuellement, ils désiraient vivement être les héros des filles, et non leur tendre un piège qui leur laisserait ensuite des regrets cuisants. Ils ont évoqué leur désir d'être romantique et d'honorer les jeunes filles avec lesquelles ils sortaient. De nombreux garçons souhaitaient trouver la fille qui leur était destinée et avoir avec elle la relation que Dieu voulait.

Et ils savaient qu'en attendant, chaque relation les rapprocherait de « la bonne ». Aussi désiraient-ils agir correctement.

Lis ces déclarations sublimes de garçons :

- « Je veux juste être le héros d'une fille. »
- « Le but des fréquentations est, évidemment, le mariage, et même quand un garçon est marié, il y a toujours des tentations. Je veux m'empêcher de "laisser traîner mes yeux n'importe où" dès maintenant, car plus tard, cette habitude risque de faire du mal à celle que j'aime. Je veux m'engager envers elle dès à présent, pendant que je suis encore adolescent. »
- « Je raffole qu'elle mette sa tête sur mon épaule. Sentir ses cheveux dans mon cou est si génial ! Pour l'instant, c'est tout ce dont j'ai besoin. Je veux garder l'innocence de ce niveau. »
- « J'aime les gestes tendres, qui n'ont rien à voir avec l'excitation sexuelle. »

L'un des enquêteurs a adressé ce conseil à toutes les jeunes filles :

> « Je voudrais leur dire que tous les garçons ne pensent pas qu'au sexe, contrairement au stéréotype trop répandu. Beaucoup de garçons aspirent à nouer une relation, et ils aiment le faire. Aussi, ne

> cède pas aux avances des coureurs de jupons parce que tu crois devoir le faire. Tu verras que l'homme de ta vie finira par arriver… »

Un autre a dit : « Pense à ce que tu fais maintenant… le souvenir ne s'effacera jamais. »

Tu devrais reprendre espoir à l'idée que de multiples garçons que nous avons interrogés étaient romantiques, idéalistes et intentionnés à l'égard des filles qu'ils connaissaient. Attends d'en rencontrer un. Il t'honorera assez pour être prêt à attendre jusqu'au mariage.

Si tu as fait des erreurs, repars à zéro

Si tu as mené une vie débridée, souviens-toi que Dieu accorde toujours une deuxième chance. Repens-toi de ton passé et demande-lui de passer l'éponge, puis prends un nouveau départ.

Un garçon auquel nous avons parlé a adressé un message à celles d'entre vous qui sont dans cette situation : « Pour celles qui ne sont plus vierges : avec votre nouveau copain, vous pouvez toujours attendre. Prenez un nouveau départ, et abstenez-vous de relations sexuelles. Cela en vaut la peine. »

En conclusion

Réalise que Dieu a la solution aux pressions sexuelles que nous ressentons toutes. C'est lui qui a créé le sexe, et il nous a aussi donné un plan pour jouir de ce don de la bonne manière et au bon endroit — dans le contexte du mariage, où la passion amoureuse ne mène pas à la méfiance, à la culpabilité et à la honte, mais à la joie. Souviens-toi que Dieu fait toutes choses belles en son temps et qu'il a prévu un moyen de combler les désirs de ton cœur.

Si tes parents te poussent à rester pure jusqu'à ton mariage, tu te dis peut-être : « *Ils n'ont aucune idée des pressions auxquelles nous sommes soumises aujourd'hui.* » Eh bien, nous qui sommes parents, nous pouvons te garantir — sans entrer dans des détails que nous n'aimerions pas que nos filles lisent ! — que tu te trompes. Nous savons exactement quelle pression tu ressens, parce que nous sommes passées par là.

Ce qui est encore plus important, c'est que Dieu réalise dans quel siècle tu vis. Cela ne lui a pas échappé ! Et il a affirmé qu'il allait te procurer un moyen d'échapper *à toutes les tentations.*

Tu peux compter sur lui, quoi qu'il arrive. Tes désirs te sont donnés par Dieu, et il trouvera un moyen de les combler.

Chapitre 8

DES PAROLES POUR TON CŒUR

Ce que les garçons veulent *vraiment* te dire.

Nous avons presque terminé notre voyage. Mais avant d'arriver à la révélation la plus importante sur l'univers intérieur des garçons, nous voudrions te transmettre ce que nous avons sur le cœur pour toi.

Certaines de nos lectrices ont été surprises par ce qu'elles ont appris dans ces pages. Cela ne correspond peut-être pas à ce que tu as toujours pensé. Mais tout comme nous espérons que les garçons qui nous entourent feront de bons choix, nous devons aussi faire les nôtres. Nous pouvons continuer à rêver à ce que les garçons « devraient être » ou faire face à la réalité, avec tout ce qu'elle implique pour nous.

Nous espérons que tu vas mûrir et devenir la jeune femme solide, douce et pieuse que tu es appelée à être, non seulement avec les garçons que tu connais aujourd'hui, mais aussi à l'avenir. Si tu acceptes d'être façonnée par le Seigneur, il te bénira et il bénira abondamment tes relations. C'est ainsi qu'il agit, parce que tu es précieuse pour lui.

Nous pouvons continuer à rêver à ce que les garçons « devraient être » ou faire face à la réalité, avec tout ce qu'elle implique pour nous.

Et cela nous amène à la conclusion de notre voyage — à la découverte la plus importante que tu puisses faire sur la vie intérieure des jeunes gens… à la réponse au sondage qui nous a le plus surprises et réjouies.

LA RÉPONSE LA PLUS FRÉQUENTE AU SONDAGE

Comme tu le sais, à la fin de l'enquête, nous avons laissé aux garçons un espace vierge et nous leur avons posé une question à laquelle ils pouvaient répondre comme ils le voulaient.

> Imagine que tu es face à une salle remplie d'adolescentes, dont ta petite sœur, et qu'on te demande de

> leur dire comment elles doivent se comporter dans un monde rempli de garçons. Comme tu es caché par un rideau, tu restes parfaitement anonyme. Quel est le meilleur avis que tu leur donnerais ?

Des centaines de réponses nous sont parvenues, mais celle qui est revenue le plus souvent (et de loin) nous a montré ce que les garçons voulaient dire aux filles :

Reste toi-même, car tu as plus de valeur que tu le penses.

Nous étions stupéfaites ! Comme l'enquête a porté sur toutes sortes d'adolescents différents à travers tous le pays, nous nous attendions à avoir beaucoup de commentaires sarcastiques ou même paillards — et nous en avons eu quelques-uns, nous devons l'admettre ! Mais les réponses les plus nombreuses (et de loin) ont été directement adressées aux filles et elles leur affirmaient qu'elles avaient de la valeur et qu'elles étaient précieuses, en les encourageant à cesser de chercher à être quelqu'un d'autre ou à faire ce dont elles n'avaient pas envie. Sans cesse, les garçons ont répété : « Sois simplement toi-même. »

Nous pourrions remplir cinq pages des merveilleuses réponses que nous avons obtenues, mais comme notre espace est limité, voici juste un échantillon de ce que ces garçons voudraient te dire.

(Beaucoup d'autres commentaires ont été retranscrits sur notre site, www.foryoungwomenonly.com).

- « Sois telle que tu es et fais ce que tu penses être bon, et non ce que les autres veulent que tu fasses. »
- « Reste naturelle. »
- « Reste toi-même et ne te sens pas obligée d'agir comme quelqu'un d'autre. »
- « Sois toi-même ! N'agis pas différemment pour que les garçons t'aiment. »
- « Reste naturelle. N'essaie pas de te conformer à l'image que la société crée. Ainsi, lorsque tu trouveras le garçon qui te convient, tu sauras qu'il t'aime pour ce que tu es vraiment. »
- « N'aie pas peur d'être toi-même. Si les autres ne t'aiment pas pour toi-même, ils ne valent pas la peine que tu perdes ton temps avec eux. Amuse-toi avec les garçons, mais n'oublie pas tes amies, car les garçons vont et viennent, alors que tes amies resteront toujours là. »

La plupart des garçons n'ont pas cessé de répéter : « Reste toi-même. »

- « Laisse une chance aux garçons. Nous sommes tout aussi inexpérimentés que toi. Et ne joue pas à être quelqu'un d'autre pour nous impressionner. Si tu ne veux pas faire l'amour, dis-le nous. La plupart d'entre nous sont prêts à l'entendre — et dans le cas contraire, ne fréquente pas les garçons qui font pression sur toi. »

- « Respecte-toi toi-même. »
- « Si tu te respectes toi-même, la plupart du temps, les garçons te respecteront. »
- « Sois assurée et reste toi-même, et les garçons t'apprécieront. »
- « Reste naturelle. »
- « Reste toi-même et tout ira bien. »
- « Contente-toi d'être toi-même ! Tu n'as pas à essayer de te changer pour séduire les garçons. Ce sont eux qui doivent changer pour les filles… Nous devrions être heureux de ce que les filles existent. »
- « Ne transige jamais sur tes principes. »
- « Ne baisse jamais les bras, et ne laisse pas les autres te dire que tu ne peux pas faire une chose simplement parce que tu es une fille et que c'est censé être un travail d'homme. »
- « N'oublie jamais qui tu es vraiment et quels sont tes espoirs et tes rêves. »
- « Quoi qu'il arrive, sois juste toi-même. »

Outre ce genre de commentaires, d'autres thèmes encourageants ont été abordés par les garçons que nous avons interrogés à ce sujet.

Comprends ton identité

Dans nos groupes de discussion avec des chrétiens, beaucoup de garçons ont incité les filles non seulement à être elles-mêmes, mais à accepter leur identité d'enfants de Dieu. Si c'est un concept nouveau pour toi, nous t'encourageons à demander à un ami chrétien ou à un pasteur ce que cela signifie et à tirer ton identité uniquement de lui, ton Père céleste. Comme l'a dit un garçon :

> « Comprends ta véritable identité. Avant de pouvoir saisir qui tu es, tu dois réaliser qui est Christ. Si tu n'es pas dans le plan de Dieu, les bonnes notes, les études universitaires et les relations ne t'apporteront jamais tout ce que tu espères. »

Un autre a déclaré : « Tu as plus de valeur que tu le penses. Tu n'as pas besoin de t'habiller d'une certaine façon ou de faire des étincelles pour avoir de la valeur. Tu as été créée avec tendresse par un Dieu qui t'aime infiniment. »

Aie confiance en toi

Les garçons ont beaucoup parlé également de la nécessité que les filles apprennent à avoir *confiance* en leur identité et réalisent qu'elles sont spéciales comme elles le sont. Selon les termes d'un enquêteur :

> « Honnêtement, je voudrais apprendre aux filles à être confiantes. On les pousse à considérer les top model

dégingandées comme des critères de beauté, et elles s'imaginent que si elles ne leur ressemblent pas, elles sont laides. Les femmes ont besoin d'être davantage sûres de leur apparence ou même de leur capacité à parler à un garçon. Une fille qui sait ce qu'elle veut et qui ne craint pas de le montrer est particulièrement attirante. »

« Tu as plus de valeur que tu le penses. Tu as été créée avec tendresse par un Dieu qui t'aime infiniment. »

Pense au grand écran

Cela dit, beaucoup d'adolescents ont reconnu qu'il est très difficile d'agir en chrétien de nos jours. D'après eux, ils savent à quel prix les filles subissent de pressions, en particulier *de leur part !* Mais comme nous l'avons dit au chapitre précédent, l'un des thèmes les plus forts qui s'est dégagé de l'enquête et de nos interviews est que les garçons ont voulu dire aux filles de ne pas céder à cette pression.

Quand on a demandé aux garçons de donner des conseils aux filles qu'ils estiment, la plupart d'entre eux se sont montrés protecteurs et ont voulu s'assurer que tu agisses sans avoir de regrets. Un adolescent a conseillé aux lectrices de ce livre de réfléchir au bilan global de leur vie :

« Je pense souvent à ce que mon pasteur, Andy Stanley, nous a conseillé pour ne pas céder à toutes les tentations qui se présentent à nous. Dans le feu de l'action, pense à ton histoire en général. Comment veux-tu la raconter et quel rôle souhaites-tu y jouer ? Désires-tu être un héroïne… ou te sentir embarrassée ? »

D'autres ont évoqué des pensées similaires :

- « Je t'incite à vivre. Ne regarde pas en arrière et pense à toutes les occasions que tu n'as pas su saisir. Fie-toi à ton cœur. Tu sais ce que tu veux faire… Fais-le. »
- « Ne gâche pas ton potentiel pour quelqu'un d'autre. Il faut que tu commences par savoir te débrouiller seule. »
- « Il ne s'agit pas seulement d'ici et maintenant. Tu es en classe pour apprendre et préparer ton avenir. Beaucoup de filles fondent leurs plus grandes décisions sur les circonstances actuelles… ou sur les conseils de leur "meilleure amie", qu'elles ne reverront jamais plus après avoir quitté le lycée. Elles embrassent un garçon, alors qu'elles ne devraient pas le faire, simplement parce qu'il le leur demande. Cesse de vivre pour l'instant présent et pense à l'avenir. »
- « Les copains et les copines sont passagers. Ne sacrifie pas les choses les plus importantes pour des amis

éphémères, même s'ils comptent beaucoup pour toi actuellement. »

LE FUTUR N'EST PAS LOIN

Nous espérons que ce que tu as appris sur les garçons t'a amenée à réfléchir à ce que cela signifie pour *toi*. Comme nous l'avons dit au début, il n'est pas question de te faire des révélations drôles ou fascinantes, mais de t'aider à mûrir dans tous les domaines où tu en ressens le besoin. Et ce que tu as appris sur la manière de te comporter avec les garçons aura son importance dans tes futures relations — y compris avec ton futur mari.

En admettant cette réalité, un garçon qui a participé à l'enquête nous a donné cet avis sincère :

« Sois franche avec les garçons et dis-leur ce que tu ressens. Sois loyale envers eux et ne profite pas d'eux. Traite-les gentiment et ne te mets pas dans une situation qui les pousserait à ne plus avoir confiance en toi. »

Ce que tu as appris sur la manière de te comporter avec les garçons aura son importance dans tes futures relations.

En conclusion, un jeune adulte auquel nous avons parlé a donné un grand encouragement à toutes les filles déçues par l'apparente immaturité des garçons qui les entourent.

Nous l'avons interviewé parce qu'à vingt-deux ans, ils terminait juste ses études supérieures et qu'il venait de se marier. Il a voulu s'adresser à toutes les filles qui désirent devenir des jeunes chrétiennes affermies dans la foi, mais qui souhaitent également trouver quelqu'un à aimer :

> « Quand nous sommes en classe, la plupart d'entre nous (les garçons comme les filles) n'ont pas la moindre idée de ce qu'est réellement l'amour. L'amour authentique consiste à veiller la nuit quand votre femme est malade et à lui tenir une cuvette pendant qu'elle vomit. En classe, on ne pense qu'aux émotions et au prestige. Quand on est jeune, on ne comprend pas ce qu'est l'amour... c'est un sacrifice. Le véritable amour vous force à regarder en face votre égoïsme et à le surmonter. C'est le chemin du bonheur. Et cela vaut vraiment la peine d'attendre ! »

Réalise que tandis que tu lis ces chapitres et que tu effectues un travail sur toi-même, Dieu est aussi à l'œuvre, non seulement pour t'aider, mais aussi pour faire des garçons que tu connais des jeunes gens altruistes, dévoués, à l'image de Christ, qui feront un jour des maris prodigieux.

Nous espérons que tu saisiras cela et que tu comprendras que cela vaut vraiment la peine d'attendre.

Note aux lectrices :

Si ce que vous avez lu vous a été utile, nous espérons que vous souhaitez en savoir davantage. Vous pouvez trouver d'autres documents — y compris l'intégralité de l'enquête, des forums en ligne et d'autres documents instructifs sur notre site web correspondant à ce livre, www.foryoungwomenonly.com.

D'où proviennent toutes ces recherches ?

Après plus d'un an d'enquête, de groupes de discussion et d'interviews dans la rue, nous avons mis nos découvertes par écrit (ou plutôt sur ordinateur) et nous avons été étonnées, rétrospectivement, de penser aux milliers de personnes et de documents qui ont permis la publication de ce livre. Il serait impossible de remercier tous ceux qui nous ont été utiles, mais nous devons en citer quelques-uns, en nous excusant par avance auprès de tous ceux que notre cerveau fatigué a oubliés.

Citations

Nous avons repris des citations de plusieurs films et émissions télévisées, parmi lesquels (par ordre alphabétique)

- *Cody Banks : agent secret*, réalisé par Harald Zwart (MGM, 2003). Avec Frankie Muniz, Hilary Duff, Angie Harmon et Keith David.
- *Les Indestructibles*, réalisé par Brad Bird (Pixar, 2004).
- *Le Temps d'un automne*, réalisé par Adam Shankman (Warner Bros, 2002). Avec Shane West et Mandy Moore.
- *Lolita malgré moi*, réalisé par Mark Waters (Paramount, 2004). Avec Lindsay Lohan, Rachel McAdams, Tina Fey et Tim Meadows.
- *4 filles et un jean*, réalisé par Ken Kwapis (Warner Bros., 2005). Avec Amber Tamblyn, Alexis Bledel, Amercia Ferrera, Blake Lively et Jenna Boyd.
- *Seinfeld*, série télévisée (Castle Rock Entertainment/NBC, 1990-1998). Avec Jerry Seinfeld, Julia Louis-Dreyfus, Michael Richards et Jason Alexander.

- *Spiderman 2*, réalisé par Sam Raimi (Columbia Pictures, 2004). Avec Tobey Maguire et Kirsten Dunst.
- *Star Trek : la nouvelle génération*, série télévisée réalisée par Gene Roddenberry (Paramount, 1987-1994), deux cent soixantième épisode, « Attached ».

Plusieurs experts nous ont aidés de façon remarquable à étudier ces sujets, que ce soit dans nos rubriques « Consulte les experts » ou ailleurs :

- Chapitre 2 : Dr Emerson Eggerichs, fondateur de *Love and Respect Ministries* et auteur de *Love and Respect* (Integrity, 2004).
- Chapitre 4 : Clayton S. Kull, L.C.S.W., et Cheryl Kull, tous deux parents, conseillers et serviteurs de Dieu à Atlanta, en Géorgie.
- Chapitre 5 : Vicki Courtney, fondatrice de VirtuousReality.com, oratrice nationale et auteur du best-seller *Teen Virtue : Real Issues, Real Life… A Teen Girl's Survival Guide.*
- Chapitre 5 : Daniel Weiss, analyste pour *media and sexuality, Focus on the Family.*
- Chapitre 6 : Dr Linda Mintle, psychologue en image corporelle et auteur de *Overweight Kids* (Integrity, 2005), www.drlindahelps.com.
- Chapitre 7 : Julie Carberry, titulaire d'un doctorat sur le développement de l'enfant, conseillère familiale et adjointe au collège universitaire.

Table des matières